Adolf Neumann

Untersuchung über das Verhältnis des Grundsteuerreinertrages zum Taxwerte der Güter

Dargestellt nach Abschätzungen der ostpreußischen Landschaft

Adolf Neumann

Untersuchung über das Verhältnis des Grundsteuerreinertrages zum Taxwerte der Güter

Dargestellt nach Abschätzungen der ostpreußischen Landschaft

ISBN/EAN: 9783743456310

Hergestellt in Europa, USA, Kanada, Australien, Japan

Cover: Foto ©Suzi / pixelio.de

Manufactured and distributed by brebook publishing software (www.brebook.com)

Adolf Neumann

Untersuchung über das Verhältnis des Grundsteuerreinertrages zum Taxwerte der Güter

Untersuchung

über

das Verhältnis des Grundsteuerreinertrages zum Taxwerte der Güter,

dargestellt nach Abschätzungen der ostpreußischen Landschaft.

Inaugural-Dissertation

der

hohen philosophischen Fakultät der Universität Jena

zur

Erlangung der philosophischen Doktorwürde

vorgelegt

von

Adolf Neumann,

Landwirtschaftslehrer an der Großh. S. Carl Friedrichs-Ackerbauschule zu Zwätzen bei Jena.

Königsberg i. Pr.
Druck von Emil Rautenberg.
1894.

Untersuchung

über

das Verhältnis des Grundsteuerreinertrages zum Taxwerte der Güter,

dargestellt nach Abschätzungen der ostpreußischen Landschaft.

Inaugural-Dissertation

der

hohen philosophischen Fakultät der Universität Jena

zur

Erlangung der philosophischen Doktorwürde

vorgelegt

von

Adolf Neumann,

Landwirtschaftslehrer an der Großh. S. Carl Friedrich-Ackerbauschule zu Zwätzen bei Jena.

Königsberg i. Pr.
Druck von Emil Bautenberg.
1894.

Dem

Generallandschafts-Direktor

der Provinz Ostpreußen

Herrn Bon-Neuhausen

in Ehrerbietung

gewidmet

vom

Verfasser.

Die landwirtschaftliche Taxationslehre im engeren Sinne beschäftigt sich mit der Lehre von der Wertsermittelung von Grundstücken und Landgütern. Sie hat also vor allem die Aufgabe zu lösen, für einen bestimmten Zweck den Kapitalswert eines Grundstücks unter Beobachtung aller im einzelnen Falle vorhandenen Verhältnisse zu ermitteln.[1)]

Gerade in der gegenwärtigen Zeit tritt das Bedürfnis zur Feststellung des Wertes von Grund und Boden in erhöhter Weise hervor, und man wird nicht fehlgehn, den Grund hierfür in dem von Jahr zu Jahr zunehmenden Bedürfnis nach hypothekarischem Kredit von seiten der Landwirtschaft zu suchen.

Seit 1880 hat die Krisis den landwirtschaftlichen Grundbesitz in immer zunehmendem Maße ergriffen, was aus der seitdem eingetretenen überaus raschen Zunahme der Hypothekenschuld auf demselben hervorgeht.

Die Umstände, welche ursächlich hierbei mitsprechen, sind sehr verschiedener Natur. Mit in den Vordergrund zu stellen ist die schlechte wirtschaftliche Lage, in welcher sich gegenwärtig die deutsche Landwirtschaft befindet. In Folge des Sinkens der Reinerträge, hervorgerufen durch die Verschlechterung der Produktionsverhältnisse, d. h. mit fallenden Preisen der auf den Markt zu bringenden Erzeugnisse und sonstigen ungünstigen Allgemeinbedingungen der Produktion, — Steigen der Arbeitslöhne, wachsender Druck der Staats= und Kommunalabgaben ꝛc. — hat gleichzeitig die Verschuldung des Bodens in geradezu bedenklichem Maße zugenommen.

Umfangreiche Besitzveränderungen durch Veräußerung oder Erbgang, Tilgung größerer angesammelter Personalschulden durch Inanspruchnahme des Realkredits kommen ebenfalls in nicht zu verkennender Weise hierbei in Frage.

Auch wird der hypothekarische Kredit zum Zwecke der Steigerung der Roh= und Reinerträge durch umfangreiche Verwendung von Kapital in Grund und Boden — Aufführung von Gutsbaulichkeiten, Anlage

---

[1)] Freiherr von der Goltz, Landwirtschaftliche Taxationslehre. Berlin 1892, S. 332.

von technischen Nebengewerben, Ausführung umfassender Meliorationen — in der Gegenwart in steigendem Maße in Anspruch genommen.

In einer für die Landwirtschaft kritischen Zeitlage gewinnt die Ordnung des landwirtschaftlichen Kreditwesens immer erhöhte Bedeutung; ein geordneter, auf gesunder Grundlage beruhender und den Bedürfnissen des Grundbesitzes in Wahrheit entsprechender Realkredit ist eine der wichtigsten Lebensbedingungen für gesunde landwirtschaftliche Verhältnisse.

Der hypothekarische Kredit wird hauptsächlich durch die Abschätzung der zum Pfande gestellten Grundstücke gesichert; je zuverlässiger und gründlicher nun diese Abschätzung geschieht, desto sicherer steht der Kredit und desto vollständiger kann dem vorhandenen Kreditbedürfnis des Grundbesitzes entsprochen werden.

Die Methoden der Bodentaxation, welche zuständigen Orts in Anwendung gebracht werden, sind hinsichtlich ihrer Grundsätze und ihrer praktischen Anwendung immer sehr verschiedene gewesen und sind es auch heute.

Hauptsächlich wird hierbei der Grund, welcher zur Vornahme der Taxation Veranlassung giebt, mitsprechen, ob es sich um Feststellung des wirklichen Tauschwertes von Grundstücken — Wertstaxe — handelt, oder ob nur die Grenze der Beleihungsfähigkeit derselben ermittelt werden soll — Sicherheitstaxe.

Seitdem in den meisten deutschen Staaten eine allgemeine Grundsteuer eingeführt worden ist zum Zweck einer gleichmäßigen Besteuerung von Grund und Boden auf Grund einer systematischen Abschätzung des Reinertrages desselben, sind ihre Abschätzungsresultate vielfach dem zu gewährenden Kredite zu Grunde gelegt worden. Der Grundsteuerreinertrag ist von seiten der Staatsbehörden ein für allemal gesetzlich festgelegt und für den ganzen betreffenden Staat nach einheitlichen Vorschriften in verhältnismäßiger Gleichheit ermittelt.[1]

Diese Ermittelungen tragen infolgedessen auch einen öffentlichen Charakter und Glauben — publica fides — an sich und gewinnen dadurch für das öffentliche Taxwesen wesentlich an Bedeutung, daß sie sich über sämtliche Liegenschaften ganzer Länder und deren Landesteile erstrecken. Es ist deshalb leicht erklärlich, daß sowohl bei Behörden, als auch bei Kreditinstituten jene gesetzmäßigen Einschätzungen als sicherer und zuverlässiger Anhalt für die Wertschätzung von Grundstücken gelten.

---

[1] Für das Königreich Preußen auf Grund des Gesetzes vom 21. Mai 1861, betreffend die anderweitige Regelung der Grundsteuer.

In derselben Weise dient vielen Privatleuten, milden Stiftungen, Sparkassen, juristischen Personen ꝛc. bei hypothekarischen Beleihungen der Grundsteuerreinertrag als Maßstab, um den richtigen Schätzungswert für ländliche Besitzungen zu ermitteln und darnach die zulässige höchste Grenze der Beleihung festzustellen. Diese Grenze ist im Interesse des Kreditgebers so hoch zu ziehn, daß das ihm zum Unterpfand gegebene Grundstück im Falle der Zahlungsunfähigkeit des Schuldners unter allen Umständen für die Befriedigung seiner Forderung Deckung gewährt und daß volle Sicherheit für regelmäßige Verzinsung der Verschuldung bestehn kann.

Im Königreich Sachsen werden die Resultate der sächsischen Grundsteuer-Einschätzung — Gesetz vom 9. September 1843, betreffend die Einführung des neuen Grundsteuersystems — ganz besonders als Wertsmesser bei Güterbeleihungen und Güterkäufen benutzt, indem man im gegebenen Falle die Reinertrags-Steuereinheiten, welche auf jedes Grundstück unveränderlich festgelegt sind (eine Einheit = 10 Neugroschen = 1 Reichsmark), mit dem in dem betreffenden Orte gezahlten Durchschnittspreis vervielfältigt.

In der Regel wird bei der Zugrundelegung des Grundsteuerreinertrages als Wertsmesser derart verfahren, daß die Beleihungsgrenze ein Vielfaches — Multiplum — des Grundsteuerreinertrages nicht überschreiten darf, ohne ein besonderes förmliches Taxverfahren.

Nach von der Goltz[1]) darf zur Zeit in Preußen der 20—25fache Grundsteuerreinertrag als durchschnittlich angemessenes Maß für die Höhe der Beleihung ohne besondere Taxe angesehn werden.

Von den Bodenkreditinstituten bedienen sich unter anderen die folgenden des Grundsteuerreinertrages zur Ermittelung des Gutswertes für die Beleihungsgrenze.[2])

1. Die westpreußische wie die neue westpreußische Landschaft.

Sie gewährt Darlehen bis zum 18fachen Betrage des Grundsteuerreinertrages ohne jede Abschätzung.

2. Die pommersche Landschaft.

Die Bestimmung, Darlehne bis zu ⅔ desjenigen Wertes zu bewilligen, welcher sich aus dem 35fachen Betrage des Grundsteuerreinertrages ergab, ist im Jahre 1874 wieder aufgehoben.

---

[1]) A. a. O. S. 591.
[2]) von der Goltz, a. a. O. S. 577 und ff.

3. Das Kur- und Neumärkische ritterschaftliche Kreditinstitut.

Die Ritterschaft darf ihrerseits den Taxwert auf Grund des Grundsteuerreinertrages feststellen lassen mit der Maßgabe, daß der 35fache Grundsteuerreinertrag der Grundstücke den ritterschaftlichen Taxwert bildet.

4. Die Landschaft der Provinz Sachsen.

Sie gewährt Darlehne bis zur 20fachen Höhe des Grundsteuerreinertrages ohne besondere Taxe an Ort und Stelle.

5. Die Landschaft der Provinz Westfalen.

Sie beleiht ohne Vornahme einer Taxe bis zur 22fachen Höhe des Grundsteuerreinertrages.

6. Der Kulmberg-Grubenhagen-Hildesheim'sche ritterschaftliche Kreditverein nimmt nach v. d. Goltz den 25fachen Betrag des Grundsteuerreinertrages als beleihungsfähig an.

7. Das Kreditinstitut für die Königl. Preuß. Ober- und Nieder-Lausitz beleiht bis zum 20fachen Grundsteuerreinertrage.

8. Die Zentral-Landschaft für die preußischen Staaten.

Ohne weitere Wertsermittelung kann die Pfandbriefbeleihung erfolgen, wenn das nachgesuchte Darlehn innerhalb des 15fachen Betrages des Grundsteuerreinertrages zu stehn kommt.

9. Der erbländische ritterschaftliche Kreditverein im Königreich Sachsen zu Leipzig

beleiht bis zum 18fachen Betrage der auf dem Grundstück feststehenden Steuereinheiten. (Auf zehn Neugroschen = eine Reichsmark wird eine Steuereinheit gelegt.)

10. Die landständige Bank der sächsischen Oberlausitz zu Bautzen

stellt den Hypothekenwert des zu verpfändenden Grundstücks auf den 16,67fachen Betrag der darauf ruhenden Steuereinheiten fest.

11. Der landwirtschaftliche Kreditverein im Königreich Sachsen zu Dresden.

Die Beleihung erfolgt bis zum 24fachen Betrage der auf dem Grundstück ruhenden Steuereinheiten.

12. Die Pommersche Hypotheken=Aktien=Bank in Köslin.
13. Die Preußische Hypotheken=Aktien=Bank zu Berlin.
14. Die Preußische Boden=Kredit=Aktien=Bank zu Berlin.
15. Die Preußische Central=Boden=Kredit=Aktien=Gesellschaft in Berlin.

Die vier letztgenannten Kreditinstitute dürfen bei Beleihung von Landgütern nicht über den 25fachen Grundsteuerreinertrag abzüglich 25facher Grundsteuer hinausgehn. Ebenso sind die übrigen Pfandbriefe emittierenden Hypotheken=institute in Bezug auf die Höhe der Beleihung durch Normativbe=stimmungen an den 25fachen Betrag des Grundsteuerreinertrages ge=bunden.

Die Anwendung, welche hiernach der Grundsteuerreinertrag bei der Wertsschätzung von Grund und Boden zu hypothekarischen Belei=hungen gefunden hat, ist eine ausgedehnte. Die Vereinfachung des Tax=wesens, die Durchsichtigkeit des Verfahrens und die gleichmäßige, auf sicherer Grundlage beruhende Anwendbarkeit überall dort, wo eine Rein=ertragsermittelung für die Zwecke einer gesetzmäßigen Besteuerung von Grund und Boden stattgefunden hat, haben vorzüglich dafür gesorgt, daß seine Anwendung zur Wertsschätzung so allgemein geworden ist.

Der darlehnsuchende Grundbesitzer genießt bei Benutzung des Grundsteuerreinertrages den doppelten Vorteil der Zeit= und Kosten=ersparnis, im Gegensatz zu förmlichen Taxen an Ort und Stelle, die verhältnismäßig mit mehr oder minder großen Ausgaben und Aufwand von Zeit verknüpft sind, zumal wenn nur kleinere Darlehnssummen in Frage stehn.

Eine andere Sache ist es dagegen, ob hierbei auch den berechtigten Wünschen der Kreditfordernden voll und ganz Genüge geschehn kann, ob nicht eine Erschwerung der Inanspruchnahme des Kredits eintritt, oder ob im anderen Falle für das ausgeliehene Kapital auch genügende Sicherheit durch das Unterpfand geboten wird.

Die jährliche Grundsteuer von den Liegenschaften sollte nach § 3 des Gesetzes vom 21. Mai 1863 vom 1. Januar 1865 ab für die ge=samte preußische Monarchie in ihrem damaligen Umfange zehn Millionen Thaler betragen, die nach Verhältnis des zu ermittelnden Reinertrages auf die einzelnen Provinzen gleichmäßig verteilt werden sollten.

Als Reinertrag ist nach den Worten des Gesetzes der nach Abzug der Bewirtschaftungsunkosten vom Rohertrage verbleibende Überschuß anzusehn, welcher von Liegenschaften nachhaltig erzielt werden kann.

Der Kulturzustand der Grundstücke ist für die Schätzung durchweg als ein mittlerer (gemeingewöhnlicher) anzunehmen. Es kommt bei seiner Ermittelung hauptsächlich darauf an, daß der mittlere Reinertrag gefaßt wird, d. h. derjenige, welchen jedes Grundstück bei gemeingewöhnlicher Bewirtschaftungsweise nach Abzug der notwendigen Gewinnungs- und Bewirtschaftungskosten nachhaltig im Durchschnitt einer die gewöhnlichen Wechselfälle im Ertrage umfassenden Reihe von Jahren sicher abwirft. Die Grundsteuer ist also eine Realsteuer, welche auf dem Grundstück haftet ohne jede Rücksicht auf die persönlichen Verhältnisse des Besitzers; sie ist zugleich eine Ertragssteuer, denn sie trifft den ertragreicheren Boden entsprechend höher als den minder ertragreichen.

Der Grundsteuerreinertrag repräsentiert demnach den gewöhnlichen durchschnittlichen Ertrag von Grund und Boden, wie er sich aus rein örtlichen Ursachen zur Zeit der Abschätzung herausstellte. Nach Anlage C des Gesetzes vom 21. Mai 1861 § 3 sind bei Veranschlagung der Naturalerträge in Geld überall die Martini-Durchschnittspreise des zuständigen Marktortes für die landwirtschaftlichen Erzeugnisse während des Zeitraumes von 1837 bis 1860 unter Hinweglassung der zwei teuersten und zwei wohlfeilsten Jahre zu berücksichtigen.

Ebenso wie bei der Besteuerung handelt es sich bei Beleihungen nicht um die Fixierung des vollen augenblicklichen Bodenwertes, sondern nur darum, zu ermitteln, welchen regelmäßigen Ertrag oder welchen durchschnittlichen Wert der Boden für eine Reihe von Jahren mit einiger Wahrscheinlichkeit abwerfen oder besitzen wird.

Dem Kreditgeber kommt es nicht auf die Leistungsfähigkeit des Betriebes, sondern nur darauf an, den Sicherheitswert des zum Pfande gestellten Grundstücks zu erfahren, um nach ihm die Höhe des zu bewilligenden Darlehns bemessen zu können. Alles, was nicht bleibenden Wert in der Wirtschaft besitzt oder nur von vorübergehendem Einfluß ist, darf auch bei Beleihungen nicht in Rücksicht gezogen werden. Die staatlich organisierten Landschaften gewähren unkündbare hypothekarische Amortisations-Darlehne, welche bei den verschiedenen Instituten verschieden hoch bemessen sind und sich auf $1/2$ bis $2/3$ des ermittelten Schätzungswertes belaufen. Die Beleihung darf nur an erster Stelle erfolgen.

Der Grundsteuerreinertrag hat schon zur Zeit seiner Festsetzung in keiner Weise überall den thatsächlich erzielten Reinertrag erfaßt, sondern da der Staat für die Grundsteuer den im Durchschnitt einer in sich geschlossenen Periode von einem verständigen, mit dem gewöhnlichen Betriebskapital ausgerüsteten Landwirt bei gemeingewöhnlicher Bewirt=

schaftungsweise zu erzielenden Reinertrag zu Grunde legt, so wird der ermittelte Grundsteuerreinertrag hinter dem wirklich erzielten bald mehr und bald weniger, oft sogar recht erheblich zurückstehn müssen und im Laufe der Zeit immer größere Abweichungen aufweisen.

Der Wert für Grund und Boden ist ein schwankender und unbestimmter; er richtet sich nach der Rentabilität der Landwirtschaft. Im allgemeinen nimmt die wirtschaftliche Bedeutung des Bodens unter normalen Verhältnissen bei steigender Kultur durch die vermehrte Nachfrage nach Land, bei zunehmender Bevölkerung auch ohne besondere Aufwendungen zu. Um so mehr muß nun der Kapitalswert für Grund und Boden eine Steigerung erfahren, als durch die Rentabilität der Landwirtschaft wiederum die Höhe des Kulturzustandes der landwirtschaftlich genutzten Flächen bedingt wird. Seit Anfang dieses Jahrhunderts hat sich, wie die Statistik unzweifelhaft nachweist, eine Bewegung der Bodenpreise nach oben vollzogen, die freilich in den 70er Jahren infolge der ungünstigen Zeitverhältnisse ihren Höhepunkt erreicht hat.

Nach umfänglichen amtlichen Erhebungen[1]) wurde eine Steuereinheit im Königreich Sachsen im großen Durchschnitt bezahlt bei Rittergütern, Vorwerken ꝛc. mit

Jahr	Mk.
1830 und früher	27,45
1831—1835	29,91
1836—1840	31,86
1841--1845	35,01
1846—1850	37,11
1851—1855	41,88

Es ist also in der Zeit von 1830—1855 der Wert einer Steuereinheit gestiegen um 52 Prozent.

Für das Jahr 1868 ist von v. Langsdorf[2]) der Durchschnittspreis einer Steuereinheit auf 47,48 Mark angegeben und ist derselbe nach eben derselben Quelle in den rein landwirtschaftlichen Grundstücken heutzutage kaum niedriger zu veranschlagen, an manchen Orten sogar noch höher.

Der Kapitalswert für Grund und Boden ist demnach in steigender Bewegung begriffen; er steigt um so mehr, je allgemeiner und je erheblicher Aufwendungen auf die Verbesserungen des Bodens etwa durch Ent- und Bewässerungsanlagen, Vertiefung der Oberkrume, Vermehrung der Bodenkraft, Überführung in nutzbringendere Kulturarten, Erhöhung und

---

[1]) Zeitschrift des Kgl. sächsischen statistischen Bureaus 1858 S. 27.
[2]) Die Landwirtschaft im Königreich Sachsen 1885—1888.

Vermehrung des lebenden wie toten Inventars in der Wirtschaft ꝛc. stattgefunden haben.

Änderungen in den Verkehrsmitteln und Verkehrswegen, in den Arbeiter-, Absatz- und politischen Verhältnissen, der Sicherheit von Person und Eigentum sind ebenfalls von ausschlaggebender Bedeutung auf den Kapitalswert von Grund und Boden und auf die Preisbewegung des Bodenwertes.

Der Kapitalswert von Grund und Boden ist von seinen durchschnittlich zu erzielenden Reinerträgen abhängig. Eine dauernde Änderung der letzteren hat auch immer eine allmähliche entsprechende Änderung des Wertes von Grund und Boden zur Folge.

Je höher sich der Kulturzustand des produktiven Bodens augenblicklich im Vergleich zu früheren Zeiten, für das Königreich Preußen etwa vor 30 Jahren bei der Regelung der Grundsteuer stellt, desto größere Abweichungen müssen sich zwischen thatsächlich erzieltem und dem steuerbaren Reinertrage ergeben.

Ebenso je günstiger in gewissen Gegenden sich die Verhältnisse, welche außer der natürlichen Fruchtbarkeit — Ertragsfähigkeit — des Bodens für die Höhe des Bodenwertes bestimmend sind, sich im Laufe der Zeit zu anderen weniger begünstigten gestaltet haben, desto mehr oder weniger wird der augenblicklich erzielte Reinertrag vom Grundsteuerreinertrag abweichen.

Wenn mithin die beiden letzteren nach den bisherigen Erörterungen nicht mit einander identisch sein können, so ergiebt sich doch ein gewisses Abhängigkeitsverhältnis zwischen beiden, welches sich allerdings in gewissen Grenzen bewegen darf und bestimmte Schwankungen zuläßt.

Wird der erzielte Reinertrag — nach Settegast derjenige Überschuß, welcher nach Abzug sämtlicher Bewirtschaftungsunkosten von dem Rohertrage noch übrig bleibt — zu einem Zinsfuß kapitalisiert, welchen das in der Landwirtschaft angelegte Geld im Mittel eines gewissen Zeitraumes gebracht hat und in den nächsten Jahren voraussichtlich bringen wird, so ermittelt man den thatsächlichen Zeitwert von einer Wirtschaft, von dem dann wieder ein bestimmter Bruchteil, $1/2$ bis $2/3$, die Grenzen für eine sichere Beleihung bilden kann. Man hat dabei immer den mittleren Reinertrag in Betracht zu ziehn, denn noch viel mehr als die übrigen Gewerbthätigkeiten ist das landwirtschaftliche Gewerbe abhängig von den unberechenbaren und unabwendbaren Einflüssen der Witterung, von den Marktkonjunkturen und sonstigen die Produktion beeinflussenden Verhältnissen.

Die Schwankungen in den jährlichen Reinerträgen sind also zurückzuführen auf die veränderliche Größe der Ernten, die wechselnden Preise der Erzeugnisse und die von Jahr zu Jahr ebenfalls schwankende Größe des Betriebsaufwandes. Ist nun anzunehmen, daß die Reinerträge für sämtliche Grundstücke des Staates durch die Grundsteuerveranlagung nach durchaus gleichmäßigen Prinzipien genau ermittelt sind, so muß es auch berechtigt erscheinen, für den ganzen Staat einen und denselben Multiplikator des Grundsteuerreinertrages als Wertsmesser anzunehmen. Haben die Reinerträge eine dauernde Erhöhung erfahren, so hätte eine dem Verhältnis entsprechende Erhöhung des Multiplikators stattzufinden, um den richtigen Schätzungs- oder Beleihungswert zu ermitteln. Aber das Verhältnis von Grundsteuerreinertrag zu gegenwärtig erzieltem Reinertrag kann nach den bisherigen Ausführungen keineswegs ein so enge begrenztes sein, daß es sich allgemein durch bestimmte zutreffende Zahlen festlegen läßt. Aus verschiedenen zum Teil vorhin angeführten Gründen muß sich der zu Zwecken der Besteuerung von seiten des Staates berechnete Reinertrag im Verhältnis zum thatsächlich erzielten örtlich und zeitlich verschieden bald höher, bald niedriger gestalten wie in anderen.

Trotzdem aber kann der Annahme die Berechtigung nicht abgesprochen werden, daß sich ein nur geringe Schwankungen aufweisendes Verhältnis zwischen Grundsteuerreinertrag und Bodenwert örtlich für räumlich enge begrenzte Gegenden und bestimmte Zeitperioden mit annähernder Sicherheit festlegen läßt. In räumlich enge begrenzten Bezirken pflegen die Verhältnisse, welche außer der Bodenbeschaffenheit — Ertragsfähigkeit — auf die Höhe des Bodenwertes bestimmend einwirken, ziemlich gleiche zu sein. Wenn hierüber auf Grund eingehender Untersuchungen günstige Resultate erzielt würden, so wäre der Grundsteuerreinertrag in noch größerer Ausdehnung und vor allem in vollkommenerer Weise als bisher als Wertsmesser für Besitztümer zu benutzen.

Unbedingte Zuverlässigkeit, d. h. die richtige Ermittelung des wirklichen Tauschwertes von Gütern kann und soll bei dieser Art des Verfahrens nicht in Frage kommen, aber da die Kreditinstitute niemals den ganzen Wert eines Gutes beleihen, etwa mit einem Kapital, dessen Zinsen den Ertrag des Gutes ganz in Anspruch nehmen, so kann es auch für den Kreditgeber nicht darauf ankommen, den Wert des Gutes für die Zwecke der Beleihung mit mathematischer Genauigkeit bis auf wenige Mark zu bestimmen. Für die Zwecke der Beleihung genügt schon eine Wertsermittelung, welche nur ein einigermaßen zutreffendes Schätzungsresultat ergiebt. Unter allen Umständen zu verlangen ist

aber im Interesse der Kreditinstitute sowohl, welche den Grundsteuer=
reinertrag in seinem Verhältnis zum derweiligen Reinertrage als Werts=
messer anwenden, als auch im Interesse der darlehnsuchenden Grund=
besitzer, daß die Beleihungsquote im Verhältnis zum Tauschwerte des
Gutes eine annähernd gleiche sei für die einzelnen beliehenen Güter,
daß sich erhebliche Unterschiede in Bezug auf die Höhe der Beleihung
nicht ergeben und hierbei weder zu hohe noch zu niedrige Schätzungs=
ergebnisse entstehen.

Freiherr von der Goltz legt in seinem schon oft zitierten Werke
— Landwirtschaftliche Taxationslehre — die hohe Bedeutung des Grund=
steuerreinertrages für die Zwecke der Beleihung in umfassender Weise
dar. Er erinnert dabei an das Königreich Sachsen, wo durch allgemein
und konsequent durchgeführte Vergleichungen das Resultat der Grund=
steuereinschätzung der Wertsermittelung der Güter in hervorragender
Weise zu Grunde gelegt wird. Er weist nachdrücklich den Landschaften
die Aufgabe zu, ihr wertvolles, seit Jahren aufgespeichertes Material zu
sichten und zu heben, um festzustellen, wie hoch sich der wirkliche Wert
zu dem Grundsteuerreinertrag in den einzelnen Bezirken stellt, ob sich
hierbei Zahlen ermitteln lassen, welche einen hinreichend sichern Anhalt
darbieten, um danach die Höhe der zulässigen Beleihung zu bemessen.

Auf Seite 596 und ff. seines Werkes ist eine Zusammenstellung
der neuen westpreußischen Landschaft enthalten, welche dem gedruckten
Protokoll vom 6. März 1880 der engeren Ausschüsse der ritterschaft=
lichen und neuen westpreußischen Landschaft entnommen und in welcher
für die verschiedenen Landratskreise angegeben ist, wie oft die Grund=
steuer im landschaftlichen Taxwert enthalten ist.

Freiherr von der Goltz knüpft an diese Zusammenstellung folgende
Bemerkungen: „Für die einzelnen Kreise im Bezirk der westpreußischen
Landschaft ist allerdings das Verhältnis der Grundsteuer zur landschaft=
lichen Taxe ein sehr abweichendes. In den Kreisen Inowrazlaw, Wirsitz,
Kulm, Graudenz, Marienwerder, Elbing, Czarnikau und Konitz bewegt
sich der landschaftliche Taxwert zwischen dem 411= und 497fachen der
Grundsteuer; in den Kreisen Schlochau, Schwetz, Tuchel, Löbau, Straß=
burg, Belgard und Flatow zwischen dem 711= und 968fachen Betrage.
Im ganzen besteht also zwischen dem höchsten und niedrigsten Satze
eine Differenz von über 100 Prozent. Ein landschaftlicher Taxwert,
in welchem die Grundsteuer 411mal enthalten ist, repräsentiert den
39,23fachen Betrag des Grundsteuerreinertrages; ein landschaftlicher Tax=
wert, in welchem die Grundsteuer 968mal enthalten ist, den 92,63fachen
Betrag des Grundsteuerreinertrages. Bei einer Beleihung zu $^2/_3$ des

Taxwertes würde dieselbe im niedrigsten Falle immer noch den 26fachen Betrag des Grundsteuerreinertrages ausmachen, im höchsten Falle den 61fachen Betrag noch etwas übersteigen.

Die von der westpreußischen Landschaft gemachte Zusammenstellung ergiebt meiner Meinung nach ein doppeltes Resultat. Zunächst erhellt daraus, daß es auch für einen größeren Bezirk möglich ist, bei landschaftlichen Wertsermittelungen resp. Beleihungen ein gewisses, aber niedrig bemessenes Multiplum des Grundsteuerreinertrages festzusetzen, welches ohne weiteres, also ohne jede förmliche Taxe allgemein als Darlehn gewährt wird; bei der westpreußischen Landschaft konnte dies nach den obigen Angaben der 25fache Betrag des Grundsteuerreinertrages sein. Zweitens ist aber ersichtlich, daß das Verhältnis des Grundsteuerreinertrages zu dem landschaftlichen Taxwerte in den einzelnen Kreisen ein verschiedenes ist; es erscheint wohl als möglich, für die verschiedenen Kreise auch ein verschiedenes Minimum zu bestimmen, welches ohne förmliche Taxe als Darlehn gewährt werden kann."

Nachstehende Untersuchungen verfolgen den Zweck, auf Grund eines mir zugänglichen amtlichen Materials dieser Frage näher zu treten und klar zu legen, wie sich der Grundsteuerreinertrag zum Taxwerte von Gütern für eine bestimmte Zeitperiode und bestimmt räumlich begrenzte Gegend eines deutschen Staates stellt.

Durch die Güte des Generallandschaftsdirektors der Provinz Ostpreußen, Herrn Rittergutsbesitzer Von-Neuhausen ist mir zur Untersuchung dieser Frage ein Material von Taxabschlüssen nebst entsprechenden Grundsteuerreinerträgen zur Verfügung gestellt worden und ist es mir eine angenehme Pflicht, dem oben erwähnten Herrn hierfür an dieser Stelle meinen ganz besonderen Dank auszusprechen.

In der Provinz Ostpreußen findet, wie in den meisten östlichen Provinzen des preußischen Staates, die Wertsermittelung von Grundstücken und Landgütern von seiten der landschaftlichen Kreditinstitute auf Grund von bestimmten, staatlich genehmigten Abschätzungsgrundsätzen nach dem Prinzip der Grundtaxe statt.[1)]

Die ostpreußische Landschaft teilt Äcker, Wiesen, Weiden und Holzungen je in vier Klassen und bringt für die einzelnen Klassen nur die Maximal-Einheitssätze der Taxwerte in Ansatz. Eine Begrenzung der Kapitals-Taxwerte nach unten findet nicht statt.

Gärten werden als Äcker eingeschätzt. Äcker und Waldflächen werden lediglich nach der Bodenbeschaffenheit, Wiesen nach Bodenbe-

---

[1)] Abschätzungsgrundsätze der ostpreußischen Landschaft. Königsberg i. Pr., 1890.

schaffenheit und Rohertrag, Weiden nur nach dem Rohertrag und zwar nach sogenannten Kuhweiden klassifiziert.

Der pro Hektar Acker zu berechnende höchste Kapitalswert ist:
in der I. Klasse . . . . 800 Mk.
„ „ II. „ . . . . . 650 „
„ „ III. „ . . . . . 450 „
„ „ IV. „ . . . . . 200 „

Der pro Hektar Wiese zu berechnende höchste Kapitalswert beträgt:
in der I. Klasse . . . . 800 Mk.
„ „ II. „ . . . . . 650 „
„ „ III. „ . . . . . 450 „
„ „ IV. „ . . . . . 200 „

Der anzunehmende höchste Kapitalswert pro Hektar Weide beträgt:
in der I. Klasse . . . . 800 Mk.
„ „ II. „ . . . . . . 500 „
„ „ III. „ . . . . . . 200 „
„ „ IV. „ . . . . . 100 „

Der zu berechnende höchste Kapitalswert pro Hektar Wald beträgt:
in der I. Klasse . . . . . . 300 Mk.
„ „ II. „ . . . . . . 200 „
„ „ III. „ . . . . . . 150 „
„ „ IV. „ . . . . . . 80 „

Rohrflächen werden nach Maßgabe ihrer Nutzbarkeit mit höchstens 100 Mark pro Hektar taxiert.

Gewässer werden mit höchstens 100 Mark pro Hektar veranschlagt.

Gebäude und Inventar werden bei ihr ebenfalls in ausreichendem Maße und Zustande vorausgesetzt, event. werden für das Fehlende entsprechende Abzüge gemacht. Grundabgaben an Staat, Schule, Kirche 2c., Lasten, Renten u. s. w. werden mit dem 20fachen Betrage abgezogen; alle einem Gute zustehenden Hebungen in bar, Naturalgefälle und Naturaldienste jeder Art, alle Nebengewerbe und die dazu gehörigen Gebäude und Geräte, Fossilien an Kalk, Mergel, Torf 2c. bleiben dagegen unberücksichtigt.

Das mir übermittelte Material umschließt einen Zeitraum von 6 Jahren 1885—1890.

Die landschaftlich vorgenommenen Taxabschlüsse sind hierbei für die einzelnen Jahre und für die vorhandenen 35 ostpreußischen Landratskreise besonders angegeben. Der 36. Kreis Rosenberg, welcher ebenfalls mit aufgeführt ist, gehört politisch zur Provinz Westpreußen; es werden aber Landgüter des betreffenden Kreises von seiten der ostpreußischen Landschaft hypothekarisch beliehen. Die vorhandenen Landratskreise sind in alphabetischer Ordnung aufgeführt. Für die einzelnen Landratskreise sind die Anzahl der Taxen, die Gesamtgröße derselben in Hektar, Ar und Quadratmeter, der Grundsteuerreinertrag und der Gesamttaxwert jahrweise angegeben. Tabelle I a—f.

Die Tabelle II enthält den Grundsteuerreinertrag der abgeschätzten Grundstücke der Kreise in den verschiedenen zur Betrachtung gelangenden Jahren für den Hektar in Mark. Derselbe wird durch Division der in einem Jahre und Kreise abgeschätzten Fläche in den Grundsteuerreinertrag erhalten. So beträgt z. B. nach Tabelle Ia im Jahre 1885 für den Kreis Allenstein die abgeschätzte Fläche 1589,83 Hektar. Der Grundsteuerreinertrag für dieselbe ist auf 7848,48 Mark angegeben. Auf einen Hektar entfällt demnach für das Jahr 1885 im Kreise Allenstein ein Grundsteuerreinertrag von 4,95 Mark. Dieser Betrag ist in der zweiten Dezimalstelle immer abgerundet angegeben. In der letzten Rubrik dieser Tabelle wird der mittlere Grundsteuerreinertrag sämtlicher ertragfähiger Liegenschaften der Kreise für den Hektar berechnet angegeben.[1]

Tabelle III giebt die Höhe der landschaftlichen Taxe des Hektar in Mark für die einzelnen Landratskreise und die in Betracht kommenden Jahre an. Der Wert für den Hektar ist in der Weise berechnet, daß der festgestellte Gesamttaxwert durch die abgeschätzte Gesamtfläche geteilt wird. So beträgt z. B. im Kreise Allenstein für das Jahr 1885 nach Tabelle Ia die letztere 1589,83 Hektar. Der Gesamttaxwert ist auf 645500 Mark angegeben, 1 Hektar ist demnach auf 406 Mark abgeschätzt.

Tabelle IV giebt den mehrfachen Betrag des Grundsteuerreinertrages — Multiplum — für die betreffenden Kreise und Jahre an. Das Multiplum ist in der Weise berechnet, daß durch Division festgestellt wurde, wievielmal der Grundsteuerreinertrag im Taxwerte enthalten ist. Im Jahre 1885 z. B. betrug der Grundsteuerreinertrag im Kreise Allenstein nach Tabelle Ia 7848,48 Mark, der Taxwert dagegen 645500 Mark. Das Vielfache, um den Taxwert zu erreichen, ergiebt demnach die Zahl 82,3. Bei der Ermittelung ist die zweite Dezimalstelle entsprechend in Rücksicht gezogen.

---

[1] Meitzen, Der Boden und die landwirtschaftlichen Verhältnisse des preußischen Staates. Berlin. Bd. IV. S. 5 und S. 11.

Tabelle Ia. Jahrgang 1885.

Lfd. Nr.	Landratskreis	Anzahl der taxirten Güter	Gesamtgröße derselben ha		a	qm	Gesamtgrundsteuerreinertrag ℳ	₰	Gesamttaxwert ℳ
1	Allenstein	6	1589	83		42	7848	48	645500
2	Angerburg	15	1767	—		31	14065	89	680100
3	Braunsberg	2	442	23		80	4656	90	186000
4	Darkehmen	12	976	41		20	9097	81	403000
5	Fischhausen	25	2903	71		23	36972	42	1376100
6	Friedland	13	3174	35		48	33098	97	1361500
7	Gerdauen	16	2727	28		18	25261	97	1066900
8	Goldap	7	1557	24		62	6946	68	557900
9	Gumbinnen	12	1288	24		63	13094	73	620000
10	Heiligenbeil	8	1566	92		49	16464	06	722600
11	Heilsberg	14	1666	51		48	10778	43	621400
12	Heydekrug	6	211	35		91	3671	49	120800
13	Insterburg	22	2032	39		22	16651	22	813400
14	Johannisburg	9	1824	21		22	6523	47	398700
15	Königsberg	30	2512	09		04	39648	55	1260000
16	Labiau	13	1697	58		23	21503	13	828000
17	Lötzen	27	1654	36		68	8104	50	442100
18	Lyck	9	1235	69		30	6087	03	417800
19	Memel	6	1255	14		06	7776	72	341500
20	Mohrungen	10	4004	93		87	30183	90	1920100
21	Neidenburg	27	3016	53		60	11728	14	717400
22	Niederung	34	1515	70		51	27325	20	865700
23	Oletzko	27	2744	36		66	12808	86	901200
24	Ortelsburg	27	5802	45		34	23562	78	1548900
25	Osterode	11	2731	76		64	13374	21	953000
26	Pillkallen	17	1792	32		41	15622	20	714400
27	Pr. Eylau	20	2340	79		10	21061	32	1037500
28	Pr. Holland	1	8	45		90	357	36	6300
29	Ragnit	11	877	59		84	5241	21	245500
30	Rastenburg	16	2910	47		42	40948	32	1421500
31	Rössel	15	962	50		18	8830	66	432500
32	Rosenberg	4	2618	92		01	21394	08	879300
33	Sensburg	26	3242	36		52	17078	55	1074400
34	Stallupönen	4	666	75		32	9023	13	393600
35	Tilsit	16	2716	58		38	26841	53	963100
36	Wehlau	14	938	65		85	9687	90	388000

Tabelle Ib. Jahrgang 1886.

Lfd. Nr.	Landratskreis	Anzahl der taxirten Güter	Gesamtgröße derselben ha		a	qm	Gesamtgrundsteuerreinertrag ℳ	₰	Gesamttaxwert ℳ
1	Allenstein	29	3413	58	69		12987	05	1085000
2	Angerburg	26	2240	12	57		15705	87	774400
3	Braunsberg	6	700	96	17		9376	08	354500
4	Darkehmen	32	4082	74	09		36167	03	1756700
5	Fischhausen	68	10328	11	37		122725	24	4877600
6	Friedland	27	4715	27	54		47770	18	1985000
7	Gerdauen	22	1516	15	76		14876	25	623500
8	Goldap	22	3185	53	65		14061	27	973300
9	Gumbinnen	26	1839	63	37		18320	40	850800
10	Heiligenbeil	17	5059	44	03		52234	14	2289500
11	Heilsberg	14	1606	59	06		12655	53	590598
12	Heydekrug	13	1076	38	07		13288	83	529200
13	Insterburg	43	4228	60	57		37956	78	1820100
14	Johannisburg	12	1323	96	80		6148	68	357700
15	Königsberg	41	5294	09	01		75956	98	2674060
16	Labiau	21	2630	98	42		29360	85	1240300
17	Lötzen	37	3025	28	35		15867	87	873400
18	Lyck	13	1445	63	90		5673	06	383000
19	Memel	14	1238	69	29		11614	60	499600
20	Mohrungen	12	2850	13	84		26229	18	1407000
21	Neidenburg	46	4463	32	75		24059	57	1264300
22	Niederung	36	1771	40	77		35575	26	1031150
23	Oletzko	38	4338	29	18		20611	68	1441500
24	Ortelsburg	27	2790	75	53		12336	27	883400
25	Osterode	23	8356	12	76		31933	56	2456700
26	Pillkallen	20	1841	40	40		14491	65	669500
27	Pr. Eylau	58	8661	—	09		85601	32	3684800
28	Pr. Holland	18	941	51	93		11852	64	396000
29	Ragnit	17	2815	97	06		27217	17	1037000
30	Rastenburg	20	3331	95	64		46960	59	1619000
31	Rössel	27	2954	53	50		15801	06	1139400
32	Rosenberg	2	1804	98	56		12813	78	525000
33	Sensburg	42	6303	24	79		30742	80	2214800
34	Stallupönen	12	1783	58	24		21357	46	898800
35	Tilsit	20	1610	99	39		21758	75	811300
36	Wehlau	44	6102	70	78		71401	53	2882400

Tabelle Ic. Jahrgang 1887.

Lfd. Nr.	Landratskreis	Anzahl der tazirten Güter	Gesamtgröße derselben ha		qm	Gesamtgrundsteuerreinertrag ℳ	₰	Gesamttazwert ℳ
1	Allenstein	44	3289	58	19	16587	71	1062900
2	Angerburg	33	3850	46	26	24063	39	1199200
3	Braunsberg	11	826	45	21	7659	32	315000
4	Darkehmen	39	3174	82	43	26412	48	1394600
5	Fischhausen	38	3748	77	—	42563	36	1680500
6	Friedland	22	2359	27	52	21791	94	1014800
7	Gerdauen	18	1587	72	19	16158	60	681000
8	Goldap	22	1186	18	80	7201	52	427900
9	Gumbinnen	23	1561	82	80	14801	43	717000
10	Heiligenbeil	10	3177	49	97	26421	87	1352000
11	Heilsberg	21	1063	70	91	8091	43	352400
12	Heydekrug	5	177	18	04	1930	14	65000
13	Insterburg	45	3133	70	62	28381	06	1285500
14	Johannisburg	20	4720	86	33	17305	08	1033300
15	Königsberg	17	1435	23	82	21505	41	748700
16	Labiau	13	642	69	19	7150	65	293200
17	Lötzen	48	2511	25	02	12387	73	682400
18	Lyck	19	1667	34	32	8644	64	522600
19	Memel	14	1268	41	74	9161	70	423900
20	Mohrungen	13	2641	06	47	18481	17	1101900
21	Neidenburg	76	6481	79	45	28581	42	1690200
22	Niederung	32	1274	23	65	27019	98	832100
23	Oletzko	42	2202	42	84	10481	31	593700
24	Ortelsburg	26	1511	05	83	6688	03	385290
25	Osterode	37	3596	14	87	19335	99	1008500
26	Pillkallen	17	2186	50	36	16287	60	767100
27	Pr. Eylau	22	1556	58	10	16899	85	717700
28	Pr. Holland	12	1091	37	18	15482	08	577700
29	Ragnit	22	2376	23	60	23396	91	954600
30	Rastenburg	15	1158	18	88	20407	17	609400
31	Rössel	16	986	90	37	6853	29	398000
32	Rosenberg	—	—			—		—
33	Sensburg	32	2321	97	50	13445	91	770000
34	Stallupönen	24	2050	22	73	20133	57	894800
35	Tilsit	25	849	65	49	11345	88	370000
36	Wehlau	28	3564	67	39	33558	96	1537400

Tabelle I d. Jahrgang 1888.

Lfd. Nr.	Landratskreis	Anzahl der tazirten Güter	Gesamtgröße derselben ha	a	qm	Gesamtgrundsteuerreinertrag ℳ	₰	Gesamttazwert ℳ
1	Allenstein	32	2888	44	52	14493	12	871400
2	Angerburg	22	2252	57	01	17936	43	892800
3	Braunsberg	5	328	74	06	2966	49	124100
4	Darkehmen	22	3814	46	56	32108	39	1556300
5	Fischhausen	20	2390	71	54	30034	23	1158900
6	Friedland	24	2929	05	75	29525	76	1227800
7	Gerdauen	16	801	17	54	8495	43	322800
8	Goldap	29	4531	77	16	30500	97	1819300
9	Gumbinnen	18	1202	26	03	13004	43	566300
10	Heiligenbeil	5	733	69	75	11601	39	388000
11	Heilsberg	25	1484	20	75	10419	72	520200
12	Heydekrug	7	710	50	07	3974	70	221700
13	Insterburg	26	1783	52	64	17316	28	758400
14	Johannisburg	11	819	63	50	3295	32	161900
15	Königsberg	26	1582	85	14	23070	29	760270
16	Labiau	13	498	72	96	4469	88	213300
17	Lötzen	39	2952	52	37	14397	72	851200
18	Lyck	11	1504	08	74	6826	11	516200
19	Memel	5	633	03	94	2670	42	177100
20	Mohrungen	13	3268	42	53	21943	83	1306300
21	Neidenburg	36	4201	91	36	17874	57	1048500
22	Niederung	33	1209	83	40	24785	16	764800
23	Oletzko	23	2113	90	49	9853	59	671500
24	Ortelsburg	42	2268	83	01	8586	36	459000
25	Osterode	12	549	87	—	3149	58	160400
26	Pillkallen	12	1119	33	46	9782	31	456700
27	Pr. Eylau	16	3442	99	41	30459	33	1581900
28	Pr. Holland	13	905	06	44	14288	46	410291
29	Ragnit	33	3436	10	48	27541	35	1384100
30	Rastenburg	13	1645	25	37	21978	13	791100
31	Rössel	18	722	93	26	6335	04	297700
32	Rosenberg	1	576	77	28	3711	21	255000
33	Sensburg	30	3897	10	78	20913	36	1242000
34	Stallupönen	17	897	53	35	8570	46	360200
35	Tilsit	20	923	83	96	16318	14	512900
36	Wehlau	16	1992	68	—	18915	30	906700

Tabelle Ie. Jahrgang 1889.

Lfd. Nr.	Landratskreis	Anzahl der tarirten Güter	Gesamtgröße derselben ha	a	qm	Gesamt-grundsteuer-reinertrag ℳ	₰	Gesamt-tagwert ℳ
1	Allenstein	27	2686	78	37	16206	03	888700
2	Angerburg	26	2123	35	64	23946	60	941800
3	Braunsberg	9	1357	39	87	11290	14	560400
4	Darkehmen	28	1505	51	31	13045	09	645000
5	Fischhausen	22	1990	20	56	24417	30	944500
6	Friedland	22	5343	37	83	43491	12	2335600
7	Gerdauen	20	1745	38	28	15609	78	726800
8	Goldap	21	917	52	82	3927	06	282500
9	Gumbinnen	15	1024	—	50	9858	93	437200
10	Heiligenbeil	12	2105	32	86	24360	54	1052000
11	Heilsberg	30	1876	88	68	13193	33	655800
12	Heydekrug	18	722	76	56	8790	75	355700
13	Insterburg	45	3232	67	36	29280	06	1417900
14	Johannisburg	11	1573	42	83	4863	30	363700
15	Königsberg	20	2516	64	48	31585	85	1186804
16	Labiau	21	1984	01	85	20235	95	989800
17	Lötzen	26	1550	37	63	7579	98	412300
18	Lyck	11	939	43	78	5580	45	310700
19	Memel	17	1138	99	65	6053	61	326600
20	Mohrungen	6	470	12	80	4013	28	201400
21	Neidenburg	50	4229	25	64	18937	83	1074100
22	Niederung	36	1060	03	24	18802	23	602100
23	Oletzko	31	3062	65	05	12184	74	944100
24	Ortelsburg	25	1499	61	30	5862	84	317300
25	Osterode	16	4792	62	73	29330	76	1505987
26	Pillkallen	20	1659	16	77	14903	40	632410
27	Pr. Eylau	40	2845	61	31	25924	68	1231300
28	Pr. Holland	5	269	83	29	4916	34	129800
29	Ragnit	43	2674	14	05	25848	68	1075300
30	Rastenburg	19	2102	64	80	25097	54	980900
31	Rössel	19	802	92	75	5320	38	297200
32	Rosenberg	—	—	—	—	—	—	—
33	Sensburg	20	1621	47	56	7064	31	363400
34	Stallupönen	10	616	21	28	7912	65	311200
35	Tilsit	58	2375	22	96	27612	09	1038700
36	Wehlau	30	4160	07	57	38940	07	1765900

Tabelle If. Jahrgang 1890.

Lfd. Nr.	Landratskreis	Anzahl der tajirten Güter	Gesamtgröße derselben			Gesamt-grundsteuer-reinertrag		Gesamt-tajwert
			ha	a	qm	ℳ	₰	ℳ
1	Allenstein	10	404	71	25	2457	39	122700
2	Angerburg	15	1190	32	21	9663	93	466600
3	Braunsberg	3	173	21	79	1581	66	72500
4	Darkehmen	14	781	03	69	8230	95	391800
5	Fischhausen	20	1237	—	13	14037	24	519800
6	Friedland	20	1731	07	01	16926	03	814800
7	Gerdauen	13	1337	78	37	14638	21	635200
8	Goldap	26	903	65	44	4532	91	283800
9	Gumbinnen	16	666	24	60	6389	64	267600
10	Heiligenbeil	8	3615	35	92	29688	15	1566200
11	Heilsberg	27	1207	—	19	9432	03	423000
12	Heydekrug	20	789	96	85	8649	24	338300
13	Insterburg	26	1715	73	78	16165	92	811400
14	Johannisburg	20	2847	21	04	12791	81	804300
15	Königsberg	17	3184	44	19	40154	28	1649050
16	Labiau	10	565	84	25	6088	35	272700
17	Lötzen	25	1869	49	86	10234	89	588400
18	Lyck	12	2908	51	02	14051	58	999000
19	Memel	12	792	77	27	4330	77	271500
20	Mohrungen	4	811	12	98	9665	10	394100
21	Neidenburg	27	2515	10	88	8923	32	604500
22	Niederung	27	974	88	49	18711	24	589600
23	Oletzko	31	1833	87	68	8006	16	594300
24	Ortelsburg	35	1873	15	23	6310	96	357946
25	Osterode	10	1317	21	36	8060	19	408500
26	Pillkallen	15	1223	39	37	10596	30	481800
27	Pr. Eylau	29	4695	75	82	31028	04	1723200
28	Pr. Holland	5	1287	53	54	18337	26	654800
29	Ragnit	29	1567	26	50	15529	48	672600
30	Rastenburg	14	2275	64	82	38728	38	1358400
31	Rössel	14	659	62	80	6522	11	289200
32	Rosenberg	1	234	94	30	540	48	27000
33	Sensburg	27	2600	94	49	15245	52	852300
34	Stallupönen	13	488	34	51	5118	09	197500
35	Tilsit	44	2510	21	96	23104	31	1004000
36	Wehlau	18	1224	18	30	11496	94	609100

Tabelle II.

Landratskreis	Grundsteuerreinertrag der landschaftlich aufgenommenen Güter für den Hektar in Mark im Jahre						Nach Meitzen Grundsteuerreinertrag pro ha in Mark
	1885	1886	1887	1888	1889	1890	
Allenstein	4,95	3,80	5,—	5,—	6,05	6,05	4,40
Angerburg	8,—	7,—	6,30	7,95	11,30	8,10	7,20
Braunsberg	10,55	13,35	9,30	9,—	8,30	9,10	8,40
Darkehmen	9,30	8,90	8,30	8,40	8,70	10,55	8,80
Fischhausen	12,70	11,90	11,35	12,60	12,25	11,35	12,—
Friedland	10,40	10,10	9,20	10,10	8,15	9,80	10,80
Gerdauen	9,30	9,80	10,20	10,60	8,90	10,90	10,—
Goldap	4,45	4,40	6,10	6,70	4,30	5,—	5,60
Gumbinnen	10,20	10,—	9,50	10,80	9,60	6,90	10,—
Heiligenbeil	10,50	10,30	8,30	15,80	11,60	8,20	10,80
Heilsberg	6,45	7,85	7,60	7,—	7,—	7,80	7,60
Heydekrug	17,40	12,30	10,90	5,60	12,15	10,95	7,60
Insterburg	8,20	9,—	9,05	9,70	9,05	9,40	9,20
Johannisburg	3,60	4,65	3,65	4,—	3,10	4,50	4,—
Königsberg	15,80	14,35	15,—	14,55	12,55	12,60	15,60
Labiau	12,65	11,15	11,10	8,95	10,20	10,75	12,—
Lötzen	4,90	5,25	4,95	4,90	4,90	5,50	5,20
Lyck	4,95	3,90	5,20	4,55	5,95	4,85	4,80
Memel	6,20	9,40	7,20	4,20	5,30	5,45	6,40
Mohrungen	7,50	9,20	7,—	6,70	8,55	11,90	8,—
Neidenburg	3,90	5,40	4,40	4,25	4,50	3,55	4,—
Niederung	18,—	20,10	21,20	20,50	17,70	19,20	15,60
Oletzko	4,65	4,75	4,75	4,65	4,—	4,40	4,40
Ortelsburg	4,05	4,40	4,40	3,80	3,90	3,40	3,60
Osterode	4,90	3,80	5,40	5,70	6,10	6,10	5,20
Pillkallen	8,70	7,90	7,45	8,75	9,—	8,65	8,40
Pr. Eylau	9,—	9,90	10,85	8,85	9,10	6,60	9,60
Pr. Holland	42,25	12,60	14,20	15,80	18,20	14,25	12,80
Ragnit	6,—	9,65	9,85	8,—	9,65	9,90	9,20
Rastenburg	14,05	14,10	17,60	13,35	11,95	17,—	13,60
Rössel	9,20	5,35	6,95	8,75	6,60	9,90	7,60
Rosenberg	8,15	7,10	—	6,45	—	2,30	8,40
Sensburg	5,25	4,90	5,80	5,40	4,35	5,85	5,20
Stallupönen	13,55	11,95	9,80	9,55	12,85	10,50	11,20
Tilsit	9,90	13,50	13,35	17,65	11,65	9,20	10,—
Wehlau	10,30	11,70	9,40	9,50	9,35	9,40	10,40

Tabelle III.

Landratskreis	Höhe der landschaftlichen Taxe pro Hektar in Mark						Durchschnitt
	1885	1886	1887	1888	1889	1890	
Allenstein	406	317	323	302	331	303	327
Angerburg	385	346	312	396	444	392	370
Braunsberg	421	506	381	377	413	418	421
Darkehmen	413	430	439	408	428	502	429
Fischhausen	474	472	448	485	474	420	467
Friedland	429	421	430	419	437	471	431
Gerdauen	391	411	429	403	416	475	418
Goldap	358	306	361	401	308	314	353
Gumbinnen	481	462	460	471	427	402	456
Heiligenbeil	461	452	426	529	500	433	453
Heilsberg	373	367	331	351	349	350	355
Heydekrug	573	492	367	312	492	428	442
Insterburg	400	430	410	425	439	473	428
Johannisburg	219	270	219	198	231	283	238
Königsberg	502	505	522	480	472	518	501
Labiau	488	471	454	428	499	482	478
Lötzen	267	282	272	288	266	315	283
Lyck	338	265	313	343	331	344	325
Memel	272	403	334	280	287	343	322
Mohrungen	479	494	417	400	429	486	451
Neidenburg	238	283	261	250	254	240	257
Niederung	571	582	653	632	567	605	600
Oletzko	325	332	269	318	308	325	316
Ortelsburg	267	316	255	202	212	191	251
Osterode	349	294	280	292	314	310	304
Pillkallen	399	364	351	408	381	394	380
Pr. Eylau	443	425	461	459	433	367	424
Pr. Holland	746	420	529	453	481	509	483
Ragnit	280	368	402	403	402	429	390
Rastenburg	488	486	526	481	467	597	505
Rössel	451	386	403	412	370	438	403
Rosenberg	336	291	—	442	—	115	322
Sensburg	331	351	332	319	224	328	326
Stallupönen	590	504	436	401	504	405	470
Tilsit	355	504	435	555	437	400	428
Wehlau	413	472	431	455	425	498	450

Tabelle IV.

Landratskreis	Der Grundsteuerreinertrag ist im landschaftlichen Taxwerte enthalten						Durch-schnitt
	1885	1886	1887	1888	1889	1890	
Allenstein	82,3	83,5	64,1	60,1	54,8	49,9	65,7
Angerburg	48,4	49,3	49,8	49,8	39,3	48,3	47,5
Braunsberg	39,9	37,8	41,1	41,8	49,6	45,8	42,7
Darkehmen	44,3	48,5	52,8	48,5	49,4	47,6	48,5
Fischhausen	37,2	39,7	39,5	38,6	38,7	37,0	38,5
Friedland	41,1	41,6	46,6	41,6	53,7	48,1	45,5
Gerdauen	42,2	41,9	42,1	38,0	46,6	43,4	42,3
Goldap	80,3	69,2	59,4	59,7	71,9	62,6	67,2
Gumbinnen	47,3	46,4	48,4	43,6	44,4	41,9	45,3
Heiligenbeil	43,9	43,8	51,2	33,4	43,2	52,8	44,7
Heilsberg	57,7	46,7	43,6	49,9	49,7	44,9	48,8
Heydekrug	32,9	40,0	33,7	55,8	40,5	39,1	40,3
Insterburg	48,9	48,0	45,3	43,8	48,4	50,2	47,4
Johannisburg	61,1	58,2	59,7	49,1	74,8	62,9	61,0
Königsberg	31,8	35,2	34,8	33,0	37,6	41,1	35,6
Labiau	38,6	42,2	41,0	47,7	48,9	44,8	43,9
Lötzen	54,6	55,1	55,1	59,1	54,4	57,5	56,0
Lyck	68,6	67,5	60,5	75,6	55,7	71,1	66,5
Memel	43,9	43,0	46,3	66,3	54,0	62,7	52,7
Mohrungen	63,6	53,6	59,6	59,5	50,2	40,8	54,6
Neidenburg	61,2	52,5	59,1	58,7	56,7	68,0	59,4
Niederung	31,7	29,0	30,8	30,9	32,0	31,5	31,0
Oletzko	70,4	69,9	56,7	68,1	77,5	74,2	69,5
Ortelsburg	65,7	71,6	57,6	53,5	54,1	56,7	59,9
Osterode	71,3	76,9	52,2	50,9	51,3	50,7	58,9
Pillkallen	45,7	46,2	47,1	46,7	42,4	45,5	45,6
Pr. Eylau	49,2	43,0	42,5	51,9	47,5	55,5	48,2
Pr. Holland	17,7	33,4	37,3	28,7	26,4	35,7	29,9
Ragnit	46,8	38,1	40,8	50,3	41,6	43,3	43,5
Rastenburg	34,7	34,5	29,9	36,0	39,1	35,1	34,9
Rössel	49,0	72,1	58,1	47,0	55,9	44,3	54,4
Rosenberg	41,1	41,0	—	68,7	—	50,0	50,2
Sensburg	62,9	72,0	57,3	59,4	51,4	55,9	59,8
Stallupönen	43,6	42,1	44,4	42,0	39,2	38,6	41,7
Tilsit	35,9	37,3	32,6	31,4	37,6	43,5	36,4
Wehlau	40,1	40,4	45,8	47,9	45,4	53,0	45,4

Das Multiplum.

Als Multiplum ist der mehrfache Betrag des Grundsteuerreinertrages bezeichnet, wie derselbe sich im vorhandenen Falle in den einzelnen Kreisen und Jahren aus seinem Verhältnis zum landschaftlichen Taxwerte herausstellt. Die Höhe des Multiplum giebt an, mit welcher Zahl der Grundsteuerreinertrag im landschaftlichen Taxwert enthalten ist, oder wievielmal mehr der landschaftliche Taxwert der abgeschätzten Grundstücke beträgt als der Grundsteuerreinertrag.

Das Multiplum für die Feststellung des Sicherheitswertes wird immer entsprechend niedriger zu bemessen sein und nur etwa $^2/_3$ des ermittelten betragen dürfen.

Der Wert von Grund und Boden ist als die kapitalisierte Verzinsung des durchschnittlich erzielten Reinertrages aufzufassen und zu berechnen. Wie hoch der Zinsfuß gegriffen werden muß, läßt sich im allgemeinen nicht festlegen; dies wird je nach örtlichen und zeitlichen Verhältnissen verschieden sein müssen. Freiherr von der Goltz nimmt an, daß das in Grund und Boden angelegte Kapital sich im Durchschnitt mit 4 Prozent verzinst, daß also der jährliche Reinertrag den 25ten Teil des Kapitalswertes ausmacht.

Man hat als Multiplikator anzuwenden

bei einer 5 proz. Verzinsung des Grundkapitals die Zahl 20
„ „ 4½ „ „ „ „ „ „ 22,2
„ „ 4 „ „ „ „ „ „ 25,0
„ „ 3½ „ „ „ „ „ „ 28,57
„ „ 3 „ „ „ „ „ „ 33,3.

Wir ersehen aus diesen Zahlen, daß schon $^1/_2$ Prozent mehr oder weniger von schwerwiegendem Einfluß auf die Größe des Grundkapitals ist. Je niedriger der Zinsfuß, desto höher stellt sich der durch Kapitalisierung mit dem letzteren ermittelte Kapitalswert des Grundstücks, je höher der Zinsfuß, desto niedriger berechnet sich der auf diesem Wege ermittelte Kapitalisationswert. Nach den bisherigen Erörterungen stellt der Grundsteuerreinertrag nur einen Teilbetrag des erzielten Reinertrages dar.

Es wird demnach das Multiplum bei Annahme eines bestimmten Verhältnisses zwischen beiden entsprechend höher gegriffen werden müssen, um das im Boden steckende Kapital richtig zu ermitteln. Wieviel höher dasselbe zu geschehen hat, muß sich aus dem örtlich und zeitlich bestehenden Verhältnis zwischen erzieltem und steuerbarem Reinertrage ergeben.

Bei Annahme eines Verhältnisses von 2:1, d. h. der doppelten Höhe des erzielten Reinertrages müßte bei einer 4 prozentigen Verzinsung die Zahl 50 als Multiplikator angewandt werden.

Das Multiplum ist ein Ergebnis aus dem unveränderlich festgesetzten Grundsteuerreinertrage und dem Kapitalswerte von Grundstücken, der im vorliegenden Falle durch Abschätzung von seiten der Landschaft ermittelt ist. Auf die Veränderlichkeit der Höhe der Bodenwerte ist vorhin schon hingewiesen worden. Das Multiplum muß demnach von den Preisbewegungen des Bodens in Bezug auf seine Höhe entsprechend beeinflußt werden. Da die Preise des Bodens unter normalen Verhältnissen sich in einer Bewegung nach oben befinden, so muß das Multiplum dieselbe Bewegung mitmachen, also im Laufe der Zeit immer größer werden.

Der Grundsteuerreinertrag ist zwar unwiderruflich gesetzlich festgelegt und kann insofern als maßgebender Faktor zu einer bestimmenden Änderung des Multiplum in Bezug auf seine Höhe nicht in Betracht kommen.

Ein anderer Fall ist es jedoch, wenn durch gewisse Willkürlichkeiten oder Irrtümer bei der Ermittelung des Grundsteuerreinertrages der letztere ungleichmäßig bald zu hoch, bald zu niedrig für die einzelnen grundsteuerpflichtigen Grundstücke in den verschiedenen Bezirken und innerhalb derselben ermittelt ist.

Daß in Bezug auf die Besteuerung von Grund und Boden nicht überall gleichmäßig verfahren sein kann, liegt schon in der Unvollkommenheit alles menschlichen Wirkens. Bei der Enquete über das Hypothekenbankwesen 1868 sprechen sich die gehörten Sachverständigen teilweise in einer nicht mißzuverstehenden Weise über das Gelingen der Grundsteuerveranlagung und über die Brauchbarkeit zu späterer Wertsschätzung aus. Die Grundstücke seien im Verhältnis bald zu hoch, bald zu niedrig zur Grundsteuer durch die Einschätzung herangezogen worden. Ist im Verhältnis zum Kapitalswerte des Bodens bei einem Grundstücke oder in einem ganzen Bezirk die Reinertragsermittelung zu niedrig ausgefallen, so wird sich immer ein höheres Multiplum herausstellen, als es bei richtiger Grundsteuereinschätzung der Fall wäre; im anderen Falle müssen Grundstücke mit entsprechend zu hohem Grundsteuerreinertrag sich im Multiplum auch entsprechend niedriger stellen.

Wenn nun für die Beleihungsgrenze ein bestimmter mehrfacher Betrag des Grundsteuerreintrages statutenmäßig von seiten der Bodenkreditinstitute angewandt wird, so kann unter Umständen im ersteren Falle die geplante Kreditgrenze noch lange nicht erreicht, im anderen Falle dagegen sogar erheblich überschritten sein.

Je größer die Mängel sind, welche sich hiernach in einer Provinz und ihren Bezirken herausstellen, desto unzuverlässiger und unbrauchbarer muß sich der Grundsteuerreinertrag gestalten für die Zwecke der Findung der richtigen Grenzen für die Beleihung.

Bevor ich das mir von seiten der ostpreußischen Landschaft zur Verfügung gestellte Abschätzungsmaterial einer kritischen Betrachtung unterziehe, sei es mir gestattet, ganz kurz auf die volks- und landwirtschaftlichen Verhältnisse der Provinz einzugehn.

Die Provinz Ostpreußen bildet den nordöstlichen Teil des preußischen Staates und grenzt an die Ostsee, die russischen Gouvernements Kowno, Augustowo und Plock, sowie an die Provinz Westpreußen, von welcher sie am 1. April 1878 getrennt worden ist.[1]) Die Provinz hat die beiden Regierungsbezirke Königsberg und Gumbinnen. Sie gehört dem großen norddeutschen Tieflande an und wird vom baltischen Rücken durchzogen, welcher hier die ostpreußische Seeenplatte bildet. Die Ertragsfähigkeit des Bodens der Provinz ist sehr verschieden. Es ist ganz unfruchtbarer Dünensand und ebenso trauriger Moorboden vorhanden, doch findet sich in weiter Erstreckung auch recht fruchtbarer Thon-, Lehm- und mit Kalkmergel durchmischter kräftiger Sandboden. Das Klima der Provinz ist außerordentlich rauh. Die Nachtfröste beginnen meist schon im Oktober und währen bis Ende Mai.

Im November beginnen die Schneefälle; der Winter wechselt plötzlich zwischen strenger Kälte und Tauwetter; das Frühjahr ist kurz, kühl und feucht; der Sommer hat besonders an der Küste häufige Regentage und Nebel. Die Durchschnittstemperatur beträgt für Königsberg 6—7°; die jährliche Regenmenge in Tilsit etwa 700, in Königsberg 600 mm. Die Vegetationszeit beschränkt sich auf etwa 5 Monate. Die Berichte des landwirtschaftlichen Zentralvereins für Litauen und Masuren und des ostpreußischen landwirtschaftlichen Zentralvereins lauten in Bezug auf die wirtschaftlichen Verhältnisse für die beiden betreffenden Regierungsbezirke der Provinz:[2])

A. Regierungsbezirk Gumbinnen: Extensiver Betrieb mit sehr bedeutender Pferde- und Viehzucht. Alle Besitze gehen in der Regel ungeteilt in die nächste Hand.

B. Regierungsbezirk Königsberg: Im allgemeinen, besonders auf Bauerngütern extensiver Betrieb, doch wird immer mehr auf intensiven Betrieb hingearbeitet, welcher auch auf den größeren Gütern immer mehr um sich greift.

---

[1]) Richter, Das deutsche Reich. Leipzig 1891.
[2]) Organisation des landwirtschaftlichen Kreditwesens. Archiv des deutschen Landwirtschaftsrats XI. Jahrgang 1887 S. 514.

Vererbung findet in geschlossenem Besitzübergang unter Abfindung der Miterben statt.

Der Regierungsbezirk Gumbinnen zerfällt in die beiden Landschaften Litauen und Masuren.

Unter Litauen werden hier die Kreise Heydekrug, Tilsit, Niederung, Ragnit, Pillkallen, Stallupönen, Gumbinnen, Insterburg und Darkehmen zusammengefaßt. Der Boden Litauens ist sehr verschiedener, aber nur teilweise von günstiger Beschaffenheit. Die Niederungen am Memelfluß sind, soweit anbaufähiges Land vorhanden ist, fruchtbar, sonst ist wirklich guter Ackerboden fast nur in einigen Bezirken der Kreise Gumbinnen, Pillkallen und Insterburg und brauchbare gute Wiesen in Teilen der Tilsiter Niederung vorhanden.[1])

Im übrigen ist der Boden Litauens geringer Sandboden von niedriger Qualität und ist nur zum kleinen Teil als mittlerer Sand- resp. Lehmboden zu bezeichnen.

Die Bewirtschaftungsweise ist in kleinen Teilen des Kreises Niederung intensive Wiesenwirtschaft, dagegen in großen Teilen der Kreise Heydekrug, Tilsit, Memel und teilweise auch auf den Höhen des Kreises Ragnit und im Kreise Stallupönen eine sehr extensive Feldgras- und Weidewirtschaft. In den übrigen Kreisen herrscht durchweg der Körnerbau — namentlich Roggen — vor.

Die Grundbesitzverteilung zeigt erhebliche Verschiedenheiten. Große Güter herrschen vor in einem Teile des Kreises Niederung, in einzelnen Distrikten der Kreise Ragnit, Stallupönen und ganz überwiegend im Kreise Darkehmen, während im übrigen ein gesundes Mischungsverhältnis zwischen kleinem, mittlerem und Großgrundbesitz vorhanden ist.

Masuren umfaßt die Kreise Goldap, Oletzko, Angerburg, Lyck, Lötzen, Johannisburg und Sensburg; es ist in seinen Bodenverhältnissen überwiegend schlechter gestellt als Litauen. Auch in klimatischer Hinsicht steht Masuren gegen Litauen zurück. Die Bewirtschaftungsweise besteht zum großen Teil in den Dörfern noch in der Dreifelderwirtschaft mit reiner Brache und Dreeschweide, so in den Kreisen Goldap, Lyck, Johannisburg; mehrfach bleiben auch die großen Güter auf eine extensive Feldgraswirtschaft beschränkt. Wo Brennereien bestehn, namentlich in den Kreisen Lyck, Lötzen, Johannisburg und Sensburg, herrscht starker Kartoffelbau. Sonst herrscht Roggenbau vor in den Kreisen Goldap, Oletzko, Angerburg und Lyck in Verbindung mit Weidewirtschaft.

In den Kreisen Lötzen, Johannisburg und Sensburg ist der große Besitz bei weitem überwiegend, während sich in den anderen Kreisen der

---

[1]) Weber, Die Verhältnisse der Landarbeiter im ostelb. Deutschland. Leipzig 1892.

Grundbesitz in normaler Weise auf größere Güter, mittlere (von 30—60 ha) und Eigenkäthnerstellen verteilt.

Der Regierungsbezirk Königsberg wird nach seiner Lage naturgemäß in das nordöstliche und östliche Gebiet und in den Südwesten eingeteilt.

Das hier zusammengefaßte nordöstliche Gebiet des Regierungsbezirkes Königsberg — kurische Niederung, Samland und Natangen — enthält die Kreise Memel, Labiau, Wehlau, Königsberg, Heiligenbeil, Pr. Eylau, Gerdauen und Rastenburg. Die Bodenverhältnisse sind teilweise wie südlich vom Pregel und im Samlande als gute zu bezeichnen; teilweise finden sich auch schwer zu entwässernde sumpfige Niederungsstrecken und undurchlässiger thoniger Lehmboden. Wiesenwirtschaft wird im kleinen mehrfach an der Pregelniederung betrieben; sporadisch findet sich in günstig gelegenen Distrikten der Anbau von Handelsgewächsen; Zuckerrübenbau im Kreise Rastenburg und in den Nachbarkreisen. Sonst ist durchweg in der Fruchtfolge eine Kombination von Getreidebau mit — je nach der Beschaffenheit des Bodens — Weidewirtschaft oder Futteranbau vorherrschend. Was die Verteilung des Grundbesitzes anbetrifft, so ist in allen Kreisen eine gesunde Mischung großen und mittleren Besitzes die Regel; kleiner Besitz, der ohne fremde Arbeitskräfte wirtschaftet, ist nur in geringem Maße vorhanden.

Der südwestliche Teil der Provinz Ostpreußen — das Ermland — umfaßt die Kreise Heilsberg, Braunsberg, Rössel, Allenstein, ferner die westlich gelegenen Kreise Pr. Holland, Mohrungen, Osterode, Neidenburg und Ortelsburg.

Abgesehn von einigen günstigen Niederungsgebieten, steht der Boden dieses Teiles der Provinz nach Südwesten fortschreitend an Qualität und Kulturfähigkeit weit hinter dem östlichen Teile der Provinz zurück.

Im Kreise Ortelsburg erreicht der Grundsteuerreinertrag den Tiefstand der ganzen preußischen Monarchie.

In Bezug auf Bewirtschaftungsweise herrscht Körnerbau verbunden mit Weidewirtschaft, oft aber auch Dreifelderwirtschaft vor. Im Kreise Pr. Holland und Mohrungen wird mehrfach Molkerei-, Meierei- und Maitwirtschaft mit Weidegang betrieben. In den Kreisen Heilsberg, Braunsberg, Rössel und Allenstein ist der mittlere Grundbesitz (20—80 ha) vorherrschend. Der Großgrundbesitz ist überwiegend in den Kreisen Mohrungen, Pr. Holland und größtenteils in Osterode und Ortelsburg.

Kehren wir nach dieser kurzen Orientierung der allgemeinen wirtschaftlichen Verhältnisse der Provinz zu der uns gestellten Aufgabe zurück, so soll zunächst das Multiplum, wie es sich für die ganze Provinz als Durchschnitt aller einzelnen Kreise für die in Rechnung gezogenen Jahre herausstellt, einer näheren Betrachtung unterzogen werden.

Im ganzen sind von seiten der ostpreußischen Landschaft während des Zeitraums von 1885—1890 4568 Abschätzungen auf einer Gesamtfläche von 463483 Hektar vorgenommen mit Einschluß des Kreises Rosenberg, der in politischer Beziehung zu Westpreußen gehört. Für diesen Kreis kommen im ganzen 8 Abschätzungen mit 5236 Hektar in Betracht, so daß auf die Provinz Ostpreußen allein 4560 Taxabschlüsse auf einer Fläche von 458247 Hektar entfallen.

Die Größe der einzelnen Abschätzung stellt sich demnach im Durchschnitt auf etwas über 100 Hektar.

Nach Meitzen[1]) beträgt die steuerpflichtige Gesamtfläche

für den Regierungsbezirk Königsberg ... 6840150 Morgen,
für Gumbinnen .... 4647484 „

Summa 11487634 Morgen.

Das der Arbeit zu Grunde gelegte Material umfaßt demnach 16 Prozent der grundsteuerpflichtigen Gesamtfläche der Provinz Ostpreußen.

Die Abschätzungen verteilen sich nach Zahl und Fläche auf die einzelnen Jahre wie folgt:

	Anzahl der Taxen.	Gesamtfläche in ha.
1885:	532	70974
1886:	945	121674
1887:	901	77232
1888:	704	67013
1889:	829	70576
1890:	657	56014

Der Gesamttaxwert der in der Provinz abgeschätzten Grundstücke ist von seiten der ostpreußischen Landschaft auf 179826707 Mark festgestellt.

Die einzelnen Jahre sind an dieser Taxsumme wie folgt beteiligt:

1885:	27 326 000 Mk.
1886:	48 900 358 „
1887:	28 460 890 „
1888:	25 717 062 „
1889:	27 304 901 „
1890:	22 117 496 „

Der landschaftliche Schätzungswert für 1 Hektar beträgt im Jahre:

	1885	1886	1887	1888	1889	1890	Durchschnitt
in Mk.	385	402	369	384	387	395	388

---

[1]) A. a. O. Bd. IV S. 5 und 11.

Der Grundsteuerreinertrag der landschaftlich abgeschätzten Fläche ist im Taxwerte enthalten:

49,3 49,9 47,6 49,1 48,7 49,3 49mal.

Das Multiplum der Provinz zeigt nur ganz unwesentliche Schwankungen in den in Berechnung gezogenen Jahren. Die höchste Zahl erreicht dasselbe im Jahre 1886 mit 49,9; die niedrigste Zahl kommt auf das Jahr 1887 mit 47,6. Von der berechneten Mittelzahl 49 ergeben sich die kaum nennenswerten Abweichungen von + 0,9 und — 1,4.

Auf eine Mark Grundsteuerreinertrag kommen für die betreffende Zeit durchschnittlich in der Provinz 49 Mark landschaftlicher Schätzungswert. von Langsdorf veranschlagt den Durchschnitt-Verkaufswert der Steuereinheit im Königreich Sachsen (1 Einheit = 1 Rm.) für das Jahr 1888 auf 47,48 Mark.

Da die Landschaft bis zu ⅔ des geschätzten Wertes beleiht, so wäre hiernach die Zahl 33 als Multiplikator des Grundsteuerreinertrages anzuwenden, um die zulässige Kreditgrenze festzustellen.

Das Bild der beinahe vollständigen Uebereinstimmung des Multiplum in der Provinz wird ein ganz anderes, wenn das Verhalten der einzelnen Landratskreise zu einander der näheren Betrachtung unterzogen wird.

Nach Tabelle IV bewegt sich das Minimum und Maximum der Durchschnittszahl des Multiplum für die einzelnen ostpreußischen Landratskreise zwischen 29,9 — Pr. Holland — und 69,5 — Oletzko. — Es besteht demnach zwischen letzteren ein Verhältnis zwischen 1 : 2, 3. Nach der Höhe des Multiplum erhalten die einzelnen Kreise die nachstehende Reihenfolge. Gleichzeitig ist darin der durchschnittliche Grundsteuerreinertrag pro Hektar nach Meitzen und der landschaftliche Taxwert in Mark pro Hektar zusammengestellt.

Landratskreis	Multiplumhöhe	Grundsteuerreinertrag pro ha in Mk. nach Meitzen	Landschaftlicher Taxwert pro ha Mk.
Pr. Holland .	29,9	12,80	483
Niederung . .	31,0	15,60	600
Rastenburg . .	34,9	13,60	505
Königsberg . .	35,6	15,60	501
Tilsit	36,4	10,—	428
Fischhausen . .	38,5	12,—	467
Heydekrug . . .	40,3	7,60	442
Stallupönen .	41,7	11,20	470
Gerdauen . . .	42,3	10,—	418

Landratskreis	Multiplum-höhe	Grundsteuer-reinertrag pro ha in Mk. nach Meitzen	Landschaft-licher Taxwert pro ha Mk.
Braunsberg	42,7	8,40	421
Ragnit	43,5	9,20	390
Labiau	43,9	12,—	478
Heiligenbeil	44,7	10,80	453
Gumbinnen	45,3	10,—	456
Wehlau	45,4	10,40	450
Friedland	45,5	10,80	431
Pillkallen	45,6	8,40	380
Insterburg	47,4	9,20	428
Angerburg	47,5	7,20	370
Pr. Eylau	48,2	9,60	421
Darkehmen	48,5	8,80	429
Heilsberg	48,8	7,60	355
Rosenberg	50,2	8,40	322
Memel	52,7	6,40	322
Rössel	54,4	7,60	403
Mohrungen	54,6	8,—	451
Lötzen	56,0	5,20	283
Osterode	58,9	5,20	304
Neidenburg	59,4	4,—	257
Sensburg	59,8	5,20	326
Ortelsburg	59,9	3,60	251
Johannisburg	61,0	4,00	238
Allenstein	65,7	4,40	327
Lyck	66,5	4,80	325
Goldap	67,2	5,20	353
Oletzko	69,5	4,40	316

Für die einzelnen Kreise ist nach dieser Zusammenstellung das Verhältnis des Grundsteuerreinertrages zur landschaftlichen Taxe ein sehr abweichendes.

In den Kreisen Pr. Holland, Niederung, Rastenburg, Königsberg, Tilsit und Fischhausen bewegt sich der landschaftliche Taxwert zwischen dem 29,9—40fachen Betrage des Grundsteuerreinertrages; in den Kreisen Heydekrug, Stallupönen, Gerdauen, Braunsberg, Ragnit, Labiau, Heiligenbeil, Gumbinnen, Wehlau, Friedland, Pillkallen, Insterburg, Angerburg, Pr. Eylau, Darkehmen, Heilsberg zwischen 40—50fachem Betrage; in den Kreisen Rosenberg, Memel, Rössel, Mohrungen, Lötzen, Osterode, Neidenburg, Ortelsburg, Sensburg zwischen 50—60fachem Betrage; in den Kreisen Johannisburg, Lyck, Allenstein, Goldap und Oletzko zwischen 60—69,5fachem Betrage des Grundsteuerreinertrages.

Die Kreise der Provinz mit hohem Grundsteuerreinertrage und dementsprechend hohem Schätzungswert der Landschaft korrespondieren mit einem niedrigen Multiplum; gerade das Umgekehrte ist der Fall in den Kreisen mit niedrigem Grundsteuerreinertrage und entsprechend geringem Taxwerte der Landschaft.

Den höchsten Schätzungswert pro Hektar — 600 Mark — besitzt bei einer Höhe des Multiplum von 31,0 und bei höchstem Grundsteuerreinertrage pro Hektar — 15,60 Mark — der Kreis Niederung. Die niedrigste Schätzung von seiten der Landschaft weisen die Kreise Johannisburg 238 Mark, — Ortelsburg 251 Mark und Neidenburg 257 Mark pro Hektar — bei niedrigstem Grundsteuerreinertrage 3,60 Mark resp. 4,00 pro Hektar und bei einer Multiplumhöhe von 61,0 resp. 59,4 und 59,9 auf.

Im folgenden gebe ich eine Zusammenstellung der einzelnen Kreise nach ihrem politischen Zusammenhange, und zwar wiederum die Kreise geordnet nach der Höhe des Multiplum.

I. Regierungsbezirk Gumbinnen.

a) Litauen:

Landratskreis.	Multiplumhöhe.	Taxwert.
Niederung .	. 31,0 .	600 Mk.
Tilsit .	. . 36,4	428 „
Heydekrug .	. . 40,3	442 „
Stallupönen	. 41,7	470 „
Ragnit . .	. . 43,5	. . 390 „
Gumbinnen .	45,3 .	456 „
Pillkallen .	45,6	380 „
Insterburg .	. 47,4	. . 428 „
Darkehmen .	. . 48,5	. . 429 „

In den Kreisen Litauens bewegen sich die Schwankungen des Multiplum zwischen 31,0 — Kreis Niederung — und 48,5 — Kreis Darkehmen. — Die Größe der Schwankung beläuft sich auf 56 Prozent.

b) Masuren:

Landratskreis.	Multiplumhöhe.	Taxwert.
Angerburg .	. 47,5 .	370 Mk.
Lötzen .	56,0	283 „
Sensburg .	59,8	. 326 „
Johannisburg .	. 61,0	. 238 „
Lyck	. 66,5	325 „
Goldap . .	67,2	. . 353 „
Oletzko .	69,5	. 316 „

3*

Masuren weist fast überall in seinen Kreisen ein höheres Multiplum als Litauen auf. Der landschaftliche Taxwert ist in allen Kreisen ein bedeutend niedriger als in den Litauens. Der landschaftliche Taxwert bildet im Kreise Angerburg den 47,5fachen, im Kreise Oletzko den 69,5fachen Betrag des Grundsteuerreinertrages. Die Schwankung beläuft sich auf über 46 Prozent.

II. Regierungsbezirk Königsberg.

a) Samland, Natangen, Kurische Nehrung 2c.

Landratskreis.	Multiplumhöhe.	Taxwert.
Rastenburg	34,9	505 Mk.
Königsberg	35,6	501 „
Fischhausen	38,5	467 „
Gerdauen	42,3	418 „
Labiau	43,9	478 „
Heiligenbeil	44,7	453 „
Wehlau	45,4	450 „
Friedland	45,5	431 „
Pr. Eylau	48,2	424 „
Memel	52,7	322 „

In diesem Teil der Provinz weist Rastenburg das niedrigste Multiplum mit 34,9, Memel das höchste mit 52,7 auf. Die vorhandene Schwankung nach oben beträgt über 50 Prozent. Mit der Zunahme des Multiplum erfolgt hier überall mit Ausnahme der Kreise Gerdauen und Fischhausen eine konstante Abnahme des landschaftlichen Schätzungswertes.

b) Ermland und die Südwestkreise des Regierungsbezirks Königsberg:

Landratskreis.	Multiplumhöhe.	Taxwert pro ha.
Pr. Holland	29,9	483
Braunsberg	42,7	421
Heilsberg	48,8	355
Rosenberg	50,2	322
Rössel	54,4	403
Mohrungen	54,6	451
Osterode	58,9	304
Neidenburg	59,4	257
Ortelsburg	59,9	251
Allenstein	65,7	327

In Ermland und den Südwestkreisen ist das niedrigste Multiplum im Kreise Pr. Holland mit 29,9, das höchste im Kreise Allenstein mit 65,7 vorhanden. Im ganzen besteht also zwischen dem höchsten und niedrigsten Satze eine Differenz von beinahe 120 Prozent.

Auf Grund des vorliegenden Materials ergeben sich durch Vergleichung des berechneten Multiplum — des vom Grundsteuerreinertrage zum Taxwerte führenden Multiplikators — mit den korrespondierenden Taxwerten der ostpreußischen Landschaft folgende Resultate.

1. Es ist unmöglich, für die ganze Provinz Ostpreußen oder deren Bezirke ein Multiplum zu finden, das einen auch nur einigermaßen gleichmäßigen und gerechten Wertsmaßstab für die Zwecke der hypothekarischen Beleihung darbietet.

Im Kreise Pr. Holland führt der 29,9fache Betrag — Minimum — des Grundsteuerreinertrages, im Kreise Oletzko der 69,5fache — Maximum — zum landschaftlichen Taxwerte. Im ganzen besteht zwischen Minimum und Maximum eine Differenz von über 130 Prozent.

2. Auf eine Mark Grundsteuerreinertrag kommt in der Provinz im geringsten Falle 29,9 Mark landschaftlicher Schätzungswert — Pr. Holland, — im höchsten Falle 69,5 Mark — Oletzko.

3. In den Kreisen mit vorwiegend besseren Bodenarten und günstiger wirtschaftlicher und politischer Lage stellt sich das Multiplum niedriger, in Kreisen von anerkannt geringer Ertragfähigkeit des Bodens und ungünstigen wirtschaftlichen und politischen Beziehungen höher.

4. Je höher im allgemeinen der durchschnittliche Grundsteuerreinertrag des Kreises ist, desto niedriger ist die zum Taxwert führende Zahl und umgekehrt.

5. Masuren, die angrenzenden litauischen Kreise und die Südwestkreise der Provinz erscheinen nach der Wertschätzung der Landschaft relativ niedriger zur Grundsteuer herangezogen als der Rest der Provinz.

6. Aus den von Kreis zu Kreis so bedeutend differierenden Mittelzahlen des Multiplum geht klar hervor, daß behufs reeller Wertschätzung und Befriedigung berechtigter Kreditforderungen des zum Bereich der ostpreußischen Landschaft gehörigen Grundbesitzes weder für die ganze Provinz, noch für deren Bezirke ein Durchschnitts-Multiplum angewandt werden kann.

Der Grundsteuerreinertrag erweist sich hierzu, wie die von seiten der ostpreußischen Landschaft auf Grund der Abschätzungsgrundsätze vorgenommenen Taxen ergeben, als nicht allgemein anwendbar und ungeeignet.

7. Im Kreise Pr. Holland würde — unter der Voraussetzung, daß innerhalb der einzelnen Landratskreise der Provinz das Verhältnis zwischen Grundsteuerreinertrag und Schätzungswert der Landschaft überall

ein nahezu gleichmäßiges ist — der 20fache, im Kreise Oletzko der 46,4fache Betrag des Grundsteuerreinertrages bei Annahme einer Beleihung von $^2/_3$ des landschaftlichen Schätzungswertes als zulässige höchste Beleihungsgrenze anzusehn sein.

8. Zur Zeit kann — unter Vorbehalt der unter 7 erwähnten Einschränkung — der 20fache Betrag des Grundsteuerreinertrages für die im Bereiche der ostpreußischen Landschaft liegenden Besitztümer als hypothekarisches Darlehn ohne förmliche Taxe an Ort und Stelle gewährt werden.

Wenden wir uns nun der nächsten Aufgabe zu und untersuchen wir, ob es geeignet erscheint, für den räumlich begrenzten Bezirk eines landrätlichen Kreises das gleiche Multiplum als Wertsmesser anzuwenden. Es wird sich hierbei hauptsächlich darum handeln, festzustellen, ob das Verhältnis zwischen Grundsteuerreinertrag und Schätzungswert der Landschaft in dem in Betracht kommenden Zeitraum von 6 Jahren innerhalb der einzelnen Kreise ein nahezu gleichmäßiges ist, und ob es möglich erscheint, für die einzelnen Kreise je ein besonderes Minimum zu bestimmen, welches als höchste zulässige Kreditgrenze des zu gewährenden Darlehns ohne förmliches Taxverfahren angesehen werden kann.

Auf diese Weise kann je nach den vorliegenden Verhältnissen in den einzelnen Kreisen dem vorhandenen Multiplum in Bezug auf seine Höhe entsprechend Rechnung getragen werden, und der Grundsteuerreinertrag in vollkommenerer Weise als bisher seinen Zweck zur Wertsschätzung erfüllen.

Für die Kreise mit hohem Multiplum kann der Beleihungsmultiplikator höher und umgekehrt mit niedrigem Multiplum auch entsprechend niedriger gegriffen werden.

Zur Klarlegung dieser Frage bin ich in der folgenden weiteren Untersuchung vom Durchschnittsmultiplum des Kreises ausgegangen und habe dieses zunächst als maßgebend für die Feststellung der zulässigen höchsten Beleihungsgrenze angenommen.

Sodann habe ich das höchste und niedrigste Multiplum in den einzelnen Kreisen im Verlaufe der 6 Jahre ermittelt und festgestellt, wie groß die Abweichungen vom Durchschnittsmultiplum des Kreises nach oben und unten ausfallen. Es werden dabei die sich ergebenden Schwankungen des Maximum und Minimum der betreffenden Jahre vom berechneten Durchschnitt des Kreises in Zahlen angegeben und dementsprechend mit + und — bezeichnet.

Sodann ist die Höhe der Abweichung vom Mittel und im ganzen in Mark und Prozent berechnet. Die alphabetische Reihenfolge der Landratskreise habe ich beibehalten.

I. Allenstein.

Im Kreise Allenstein sind von seiten der ostpreußischen Landschaft in den Jahren 1885—1890 148 Abschätzungen vorgenommen auf einer Gesamtfläche von 14272,94 Hektar. Es bildet die abgeschätzte Fläche 14 Prozent der grundsteuerpflichtigen Kreisfläche, die nach Meitzen[1]) auf 401 361 Morgen angegeben ist.

Die Abschätzungen verteilen sich nach Zahl und Größe auf die einzelnen Jahre wie folgt:

Anzahl der	1885	1886	1887	1888	1889	1890
Taxen	6	29	44	32	27	10
Gesamtgröße in Hektar	1589,83	3413,59	3289,58	2888,45	2686,78	404,71

Der durchschnittliche Grundsteuerreinertrag des ganzen Kreises stellt sich nach Meitzen auf 11 Sgr. für den Morgen, für den Hektar demnach auf 4,40 Mark.

Der Grundsteuerreinertrag der landschaftlich abgeschätzten Grundstücke ergiebt für den Hektar in Mark für das Jahr:

1885	1886	1887	1888	1889	1890
4,95	3,80	5,00	5,00	6,05	6,05

Der landschaftliche Schätzungswert beträgt für den Hektar in Mark:

1885	1886	1887	1888	1889	1890	Durchschnitt
406	317	323	302	331	303	327

Der Grundsteuerreinertrag ist im Taxwert enthalten:

82,3	83,5	64,1	60,1	54,8	49,9	65,7

Es weist hiernach das Multiplum recht bedeutende Schwankungen im Kreise Allenstein im Verlauf der 6 Jahre auf. Besonders die Jahre 1885, 1886 und 1890 weichen vom berechneten Durchschnitt desselben und von einander weit ab. Das Jahr 1886 stellt sich im Multiplum um 17,8 höher, das Jahr 1890 um 15,8 niedriger als die sich ergebende Mittelzahl.

Für das Jahr 1886 ist das Multiplum am höchsten, 83,5. Dieser Umstand findet darin seine Erklärung, daß der Grundsteuerreinertrag der in diesem Jahre geschätzten Grundstücke außerordentlich niedrig ist, pro Hektar 3,80 Mark, der niedrigste in den 6 Jahren überhaupt. Trotzdem erreicht aber der Taxwert in der Höhe von 317 Mark für den Hektar beinahe den Durchschnitt des Kreises, 327 Mark.

Das Umgekehrte ist im Jahre 1890 der Fall. Der Grundsteuerreinertrag der in diesem Jahre zur Abschätzung gelangten Grundstücke

---

[1]) Der Boden und die landwirtschaftlichen Verhältnisse des preußischen Staates. Band 1. S. 5.

ist ein für den Kreis verhältnismäßig hoher, 6,05 Mark — der höchste in den 6 Jahren überhaupt —, der Schätzungswert der Landschaft, 303 Mark, dagegen beinahe der niedrigste für den in Betracht kommenden Zeitraum.

Das Multiplum unterliegt im Kreise Allenstein großen Schwankungen, so großen, daß es unmöglich erscheint, den Grundsteuerreinertrag als alleinigen Wertsmaßstab zu Zwecken der Beleihung zu verwenden, ohne Gefahr für die Sicherheit des ausgeliehenen Kapitals.

Auf der anderen Seite kann wiederum den vielleicht berechtigten Wünschen nach hypothekarischem Kredit nicht entsprochen werden, ohne ein förmliches Taxverfahren stattfinden zu lassen.

Zur weiteren Klarlegung sollen die Jahre 1886 und 1890, welche die größten Unterschiede in der Höhe des Multiplum aufweisen, einer eingehenderen Betrachtung unterzogen werden. Der berechnete Durchschnitt des Multiplum im Kreise ergiebt die Höhe von 65,7. Für das Jahr 1886 ist der Grundsteuerreinertrag der abgeschätzten Grundstücke auf 12987 Mark angegeben.

Wird das mittlere Multiplum als maßgebend angenommen, so stellt sich der Wert der in diesem Jahre geschätzten Grundstücke auf 65,7 . 12987 Mark = rund 853250 Mark.

Der Gesamtwert nach den Grundsätzen des Taxverfahrens der ostpreußischen Landschaft ist dagegen auf 1085000 Mark angegeben, mithin um **231750 Mark höher** festgestellt.

Die landschaftliche Taxe für ein Hektar beträgt im Jahre 1886 **317 Mark**, nach Maßgabe des Grundsteuerreinertrages berechnet sich der Wert nur auf **250 Mark**. Der Wert für ein Hektar wird mithin durch die landschaftliche Taxe um **67 Mark höher** festgestellt.

In Prozenten stellt die Taxe der Landschaft den Wert um **21 Prozent höher** fest, als er nach Maßgabe des Grundsteuerreinertrages und der Durchschnittszahl des Multiplum ermittelt wurde. Die Anforderungen des Kreditsuchenden können demnach, wenn der Grundsteuerreinertrag als Wertsmaßstab für die Zwecke der Beleihung zu Grunde gelegt wird, in diesem vorliegenden Falle in zufriedenstellender Weise nicht erfüllt werden.

Grade entgegengesetzt verhält sich das Jahr 1890.

Der Gesamtgrundsteuerreinertrag der in diesem Jahre abgeschätzten Grundstücke stellt sich auf 2457 Mark.

Auf Grund der Mittelzahl des Multiplum im Kreise stellt sich der Wert der abgeschätzten Grundstücke auf 2457 Mark Grundsteuerreinertrag. 65,7 = **161425 Mark**, der Wert für ein Hektar demnach = **398 Mark**.

Die landschaftliche Taxe giebt aber den Gesamtwert nur auf 122700 Mark und den Wert für ein Hektar auf 303 Mark an. Der Unterschied bei der verschiedenen Wertsfeststellung beträgt demnach im ganzen 38725 Mark oder für den Hektar 95 Mark, um welche das landschaftliche Taxverfahren den Wert **niedriger** stellt. Prozentisch ist die Wertschätzung der Landschaft pro Hektar um 31 Prozent niedriger als der durch den Grundsteuerreinertrag und das Durchschnitts=Multiplum des Kreises ermittelte Wert.

In diesem Jahre würde das unter Zugrundelegung des Grundsteuerreinertrages ausgeliehene Kapital die Sicherheitsgrenze weit überschreiten und in den zum Pfande gestellten Grundstücken keine ausreichende Deckung besitzen.

Im Jahre 1886 stellt bei höchstem Multiplum die landschaftliche Taxe den Wert für ein Hektar um 67 Mark oder 21 Prozent **höher**, im Jahre 1890 bei niedrigstem Multiplum dagegen um 95 Mark oder 31 Prozent **niedriger** fest, als die Wertsermittelung für den Hektar nach dem Grundsteuerreinertrag und dem sechsjährigen Durchschnitt des Multiplum im Kreise ergab.

Das beiderseitige Verfahren differiert demnach im ganzen Kreise Allenstein pro Hektar um 162 Mark oder 52 Prozent.

Der Gesamttaxwert der Landschaft für die in den 6 Jahren im Kreise geschätzten Güter beträgt 4676200 Mark.

II. Angerburg.

Die für den Kreis Angerburg vorliegenden von seiten der Landschaft in den 6 Jahren vorgenommenen Abschätzungen erreichen eine Zahl von 137. Dieselben erstrecken sich auf eine Gesamtfläche von 13423,84 Hektar und bilden 20 Prozent der grundsteuerpflichtigen Kreisfläche, die von Meitzen[1]) auf 269784 Morgen angegeben ist.

Der durchschnittliche Grundsteuerreinertrag stellt sich nach Meitzen für den Kreis auf 18 Silbergroschen für den Morgen, für den Hektar demnach auf 7,20 Mark. Der Grundsteuerreinertrag der landschaftlich abgeschätzten Grundstücke stellt sich für den Hektar in Mark:

1885	1886	1887	1888	1889	1890
8,00	7,00	6,30	7,95	11,30	8,10.

Die Höhe der landschaftlichen Taxen im Kreise beträgt für den Hektar in Mark:

1885	1886	1887	1888	1889	1890	Durchschnitt
385	346	312	396	444	392	370.

---
¹) A. a. O. S. 11.

Der Grundsteuerreinertrag ist im Taxwerte enthalten:

1885	1886	1887	1888	1889	1890	Durchschnitt
48,4	49,3	49,8	49,8	39,3	48,3	47,5.

Der Kreis Angerburg zeigt in der Höhe des Multiplum bis auf das Jahr 1889 eine fast vollkommen zu nennende Übereinstimmung. Im Jahre 1889 ist der Grundsteuerreinertrag der abgeschätzten Grundstücke im Kreise ein außerordentlich hoher, 11,30 Mark gegen 7,20 Mark als dem von Meitzen angegebenen Durchschnitt des Kreises. Dementsprechend ist zwar auch der Taxwert der in dem betreffenden Jahre geschätzten Grundstücke der höchste und stellt sich auf 444 Mark gegen 370 Mark im Durchschnitt der 6 Jahre, entspricht aber damit noch lange nicht dem Verhältnis zur Höhe des festgesetzten Grundsteuerreinertrages.

Auf eine Mark Grundsteuerreinertrag kommen im Durchschnitt auf den Hektar im Kreise 47,5 Mark Schätzungswert, für das Jahr 1889 dagegen nur 39 Mark.

Um das erstere zu erreichen, müßte im Jahre 1889 der Taxwert der Landschaft 11,3 · 47,5 = **537 Mark** betragen.

Demnach hat die Landschaft den Wert für ein Hektar um **93 Mark** niedriger geschätzt, als durch das mittlere Multiplum des Grundsteuerreinertrages ermittelt ist.

In Prozenten stellt die landschaftliche Taxe den Wert um **21 Prozent niedriger** fest.

Die Jahre 1887 und 1888 weisen das höchste Multiplum im Kreise, 49,8 auf und differieren von der Mittelzahl 47,5 um 2,3. Nach der letzteren erhielt im Jahre 1887 der Hektar einen Wert von 47,5 · 6,30 Mark Grundsteuerreinertrag = **299 Mark**. Die Wertschätzung der Landschaft für den Hektar beträgt in diesem Jahre aber **312 Mark**, ist also um **13 Mark** oder **4 Prozent höher** festgestellt.

Es weicht demnach die Ermittelung des Wertes für ein Hektar um **106 Mark oder 25 Prozent** nach dem beiderseitigen Verfahren von einander ab.

Der Gesamttaxwert der Landschaft für die in den 6 Jahren im Kreise geschätzten Güter beträgt 4954900 Mark, der durchschnittliche Schätzungswert für ein Hektar demnach 370 Mark.

III. Braunsberg.

Die Anzahl der Abschätzungen beträgt für diesen Kreis für die in Betracht kommenden Jahre 36. Er ist mit Ausnahme des zu Westpreußen gehörigen Landratsbezirks Rosenberg von allen Kreisen derjenige, welcher die geringste Zahl von Abschätzungen aufzuweisen hat. Die Gesamtfläche der in diesem Kreise aufgenommenen Taxen beträgt 3829 Hektar und 5 Prozent der grundsteuerpflichtigen Kreisfläche, die von Meitzen auf 327102 Morgen angegeben ist. Der Grundsteuerreinertrag beläuft sich nach derselben Quelle auf 21 Silbergroschen für den Morgen, für den Hektar demnach auf 8,40 Mark.

Die Abschätzungen verteilen sich nach Zahl und Größe auf die einzelnen Jahre wie folgt:

	1885	1886	1887	1888	1889	1890
Anzahl der Taxen	2	6	11	5	9	3
Gesamtgröße in Hektar	442,24	700,96	826,45	328,76	1357,40	173,22

Der Grundsteuerreinertrag der abgeschätzten Grundstücke beträgt für den Hektar in Mark im Jahre:

1885	1886	1887	1888	1889	1890
10,55	13,35	9,30	9,00	8,30	9,10

Die landschaftliche Taxe stellt den Wert für den Hektar in Mark fest im Jahre:

1885	1886	1887	1888	1889	1890	Durchschnitt
421	506	381	377	413	418	421

Der Grundsteuerreinertrag ist im Taxwerte enthalten:

39,9 37,8 41,1 41,8 49,6 45,8 42,7.

Die größten Schwankungen im Multiplum weisen die Jahre 1886 und 1889 auf.

Im Jahre 1886 hat der Grundsteuerreinertrag der abgeschätzten Grundstücke eine Höhe von 13,35 pro Hektar, den höchsten im Verlauf der 6 Jahre, im Jahre 1889 dagegen nur 8,30 Mark, den niedrigsten in dem in Betracht kommenden Zeitraum. Das Verhältnis zwischen beiden stellt sich auf 1:1,6.

Die landschaftlichen Abschätzungen

für das Jahr 1886 . .   506 Mk.
 „ „ „ 1889 . . .   413 „

verhalten sich dagegen nur wie 1:1,2.

Bei Anwendung des für den Kreis durchschnittlich ermittelten Multiplum 42,7 ergiebt sich im Jahre 1886 ein Wert pro Hektar von 42,7·13,35 Mark Grundsteuerreinertrag = 570 Mark, während der von seiten der Landschaft festgesetzte Wert nur 506 Mark, also 64 Mark **weniger** beträgt. In Prozenten stellt die Landschaft den Wert um 13 **Prozent** niedriger fest.

Im Jahre 1889 beträgt der auf Grund des Multiplum ermittelte Wert 42,7 · 8,30 Mark Grundsteuerreinertrag = **354 Mark**. Durch die landschaftliche Taxe ist dagegen der Wert auf **413 Mark**, also um **59 Mark** oder **14 Prozent** höher festgestellt.

Es weicht demnach nach dem beiderseitigen Verfahren die Wertsfeststellung um **123 Mark** für den Hektar oder **27 Prozent** von einander ab.

Der Gesamtwert der Landschaft für die in den 6 Jahren geschätzten Güter beträgt 1612500 Mark, der durchschnittliche Schätzungswert für ein Hektar demnach 421 Mark.

IV. Darkehmen.

Der Kreis Darkehmen weist für den in Rechnung gezogenen Zeitraum 147 Abschätzungen auf. Dieselben sind auf einer Gesamtfläche von 14334,99 Hektar vorgenommen und betragen 23 Prozent der grundsteuerpflichtigen Kreisfläche, die von Meißen auf 250468 Morgen angegeben ist. Der Gesamttaxwert der Landschaft für die in den 6 Jahren geschätzten Güter beträgt 6147400 Mark, der Wert für 1 Hektar demnach 429 Mark. Nach Meißen beträgt der Grundsteuerreinertrag für den steuerpflichtigen Morgen im Kreise durchschnittlich 22 Sgr., für den Hektar demnach 8,80 Mark.

Die Abschätzungen verteilen sich nach Zahl und Größe auf die einzelnen Jahre wie folgt:

	1885	1886	1887	1888	1889	1890
Anzahl der Taxen...	12	32	39	22	28	14
Gesamtgröße in Hektar	976,41	4082,74	3174,82	3814,46	1505,51	781,03

Der Grundsteuerreinertrag der geschätzten Grundstücke ergiebt für den Hektar in Mark:

1885	1886	1887	1888	1889	1890
9,30	8,90	8,30	8,40	8,70	10,55.

Der geschätzte Wert für den Hektar in Mark beträgt im Jahre:

1885	1886	1887	1888	1889	1890	Durchschnitt
413	430	439	408	428	502	429.

Der Grundsteuerreinertrag ist im Taxwert enthalten:

44,3	48,5	52,8	48,5	49,4	47,6	48,5.

Erhebliche Schwankungen des Multiplum sind im Kreise Darkehmen nicht vorhanden. Die niedrigste Zahl weist das Multiplum im Jahre 1885 mit 44,3 auf, die höchste erreicht dasselbe im Jahre 1887 mit 52,8. Die Abweichungen vom Durchschnitt des Multiplum betragen + 4,3 und — 4,2 für den Kreis.

Bei Anwendung des für den Kreis durchschnittlich ermittelten Multiplum 48,5 ergiebt sich im Jahre 1885 ein Wert für den Hektar von 48,5 · 9,30 Mark Grundsteuerreinertrag = 451 **Mark**, während der durch das Taxverfahren der Landschaft festgesetzte Wert nur auf **413 Mark**, also um 38 **Mark** oder 9 **Prozent** niedriger normiert ist.

Im Jahre 1887 beträgt der auf Grund des Multiplum ermittelte Wert für den Hektar 48,5 · 8,30 Mark Grundsteuerreinertrag = **403 Mark**. Die landschaftliche Taxe stellt dagegen den Wert auf **439 Mark**, also um 36 **Mark** oder 8 **Prozent höher** fest. Das beiderseitige Verfahren der Wertschätzung differiert demnach im ganzen für den Hektar um 74 Mark oder 17 **Prozent**.

V. Fischhausen.

Der Kreis Fischhausen weist für den in Rechnung gezogenen Zeitraum 193 Abschätzungen auf. Dieselben sind auf einer Gesamtfläche von 22598,51 Hektar vorgenommen und betragen 27 Prozent der grundsteuerpflichtigen Kreisfläche, die nach Meitzen auf 329513 Morgen angegeben ist. Der Gesamttaxwert für die in den 6 Jahren geschätzten Güter beträgt 10 557 400 Mark, der Wert für 1 Hektar demnach 467 Mark. Nach Meitzen beträgt der Grundsteuerreinertrag auf den steuerpflichtigen Morgen im Kreise durchschnittlich 30 Sgr., für den Hektar demnach 12 Mark. Die Abschätzungen verteilen sich nach Zahl und Größe auf die einzelnen Jahre wie folgt:

	1885	1886	1887	1888	1889	1890
Anzahl der Taxen	25	68	38	20	22	20
Gesamtgröße in Hektar	2903,71	10328,11	3748,77	2390,71	1990,20	1237,00

Der Grundsteuerreinertrag der geschätzten Grundstücke ergiebt für den Hektar in Mark für das Jahr:

1885	1886	1887	1888	1889	1890	Durchschnitt
12,70	11,90	11,35	12,60	12,25	11,35	

Der geschätzte Wert für den Hektar in Mark beträgt im Jahre:

| 474 | 472 | 448 | 485 | 474 | 420 | 467. |

Der Grundsteuerreinertrag ist im Taxwerte enthalten:

| 37,2 | 39,7 | 39,5 | 38,6 | 38,7 | 37,0 | 38,5. |

Die Übereinstimmung der Multiplumhöhe im Kreise Fischhausen kann als eine sehr gute bezeichnet werden.

Die niedrigste Zahl weist das Multiplum im Jahre 1890 mit 37,0 auf, die höchste erreicht dasselbe im Jahre 1886 mit 39,7. Die Abweichungen vom Durchschnitt des Multiplum betragen für den Kreis + 1,2 und — 1,5.

Bei Anwendung des für den Kreis durchschnittlich ermittelten Multiplum 38,5 ergiebt sich im Jahre 1890 ein Wert für den Hektar von 38,5 · 11,35 Mark Grundsteuerreinertrag = 437 Mark, während der durch das Taxverfahren der Landschaft festgesetzte Wert auf 420 Mark, also 17 Mark oder 4 Prozent niedriger normiert ist. Im Jahre 1886 beträgt der auf Grund des Multiplum ermittelte Wert für den Hektar 38,5 · 11,90 Mark Grundsteuerreinertrag = 458 Mark. Die landschaftliche Taxe stellt dagegen den Wert auf 472 Mark, also um 14 Mark oder 3 Prozent höher fest.

Das beiderseitige Verfahren der Wertsschätzung differiert demnach im ganzen pro Hektar um 31 Mark oder 7 Prozent.

VI. Friedland.

Der Kreis Friedland weist für den in Rechnung gezogenen Zeitraum 128 Abschätzungen auf.

Dieselben sind auf einer Gesamtfläche von 20 252,41 Hektar vorgenommen und betragen 25 Prozent der grundsteuerpflichtigen Kreisfläche, die von Meitzen auf 323 784 Morgen angegeben wird. Der Gesamttaxwert der Landschaft beträgt für die in den 6 Jahren geschätzten Güter 8 739 500 Mark, der Wert für ein Hektar demnach 431 Mark. Nach Meitzen beträgt der Grundsteuerreinertrag auf den steuerpflichtigen Morgen im Kreise durchschnittlich 27 Silbergroschen, für den Hektar demnach 10,80 Mark.

Die Abschätzungen verteilen sich nach Zahl und Größe auf die einzelnen Jahre wie folgt:

Anzahl der Taxen	1885	1886	1887	1888	1889	1890
	13	27	22	24	22	20
Gesamtgröße in Hektar	3174,35	4715,27	2359,27	2929,05	5343,37	1731,07

Der Grundsteuerreinertrag der geschätzten Grundstücke ergiebt für den Hektar in Mark für das Jahr:

1885	1886	1887	1888	1889	1890
10,40	10,10	9,20	10,10	8,15	9,80

Der landschaftliche Schätzungswert für den Hektar in Mark beträgt im Jahre:

1885	1886	1887	1888	1889	1890	Durchschnitt
429	421	430	419	437	471	431

Der Grundsteuerreinertrag ist im Taxwert enthalten:

41,1   41,6   46,6   41,6   53,7   48,1   45,5.

Das Multiplum unterliegt im Kreise Friedland nicht unerheblichen Schwankungen. Die niedrigste Zahl weist das Multiplum im Jahre 1885 mit 41,1 auf, die höchste erreicht dasselbe im Jahre 1889 mit 53,7. Die Abweichungen vom Durchschnitt des Multiplum betragen für den Kreis + 8,2 und — 4,4. Bei Anwendung des für den Kreis durchschnittlich ermittelten Multiplum 45,5 ergiebt sich im Jahre 1885 ein Wert für den Hektar von 45,5 · 10,40 Mark Grundsteuerreinertrag = 473 **Mark**, während der durch das Taxverfahren der Landschaft festgesetzte Wert auf 429 **Mark**, also 44 **Mark** oder 10 **Prozent niedriger** normiert ist.

Im Jahre 1889 beträgt der auf Grund des Multiplum ermittelte Wert für den Hektar 45,5 · 8,15 Mark Grundsteuerreinertrag = 371 **Mark**. Die landschaftliche Taxe stellt dagegen den Wert auf 437 **Mark**, mithin um 66 **Mark** oder 15 **Prozent** höher fest. Das beiderseitige Verfahren der Wertsschätzung differiert demnach im ganzen pro Hektar um 110 **Mark** oder 25 **Prozent**.

VII. Gerdauen.

Der Kreis Gerdauen weist für den in Rechnung gezogenen Zeitraum 105 Abschätzungen auf. Dieselben sind auf einer Gesamtfläche von 9715,50 Hektar vorgenommen und betragen 12 Prozent der grundsteuerpflichtigen Kreisfläche, die von Meitzen auf 314 000 Morgen angegeben ist.

Der Gesamttaxwert der Landschaft für die in den 6 Jahren geschätzten Güter beträgt 4 056 200 Mark, für den Hektar demnach 418 Mark. Nach Meitzen beträgt der Grundsteuerreinertrag auf den steuerpflichtigen Morgen im Kreise durchschnittlich 25 Silbergroschen, auf den Hektar demnach 10 Mark. Die Abschätzungen verteilen sich nach Zahl und Größe auf die einzelnen Jahre wie folgt:

Anzahl der Taxen ...	1885	1886	1887	1888	1889	1890
	16	22	18	16	20	13
Gesamtgröße in Hektar .	2727,28	1516,15	1587,72	801,17	1745,38	1337,78

Der Grundsteuerreinertrag der geschätzten Grundstücke ergiebt für den Hektar in Mark für das Jahr:

1885	1886	1887	1888	1889	1890
9,30	9,80	10,20	10,60	8,90	10,90

Der landschaftliche Schätzungswert für den Hektar in Mark beträgt im Jahre:

1885	1886	1887	1888	1889	1890	Durchschnitt
391	411	429	403	416	475	418.

Der Grundsteuerreinertrag ist im Taxwert enthalten:

42,2   41,9   42,1   38,0   46,6   43,4   42,3.

Die Schwankungen des Multiplum sind im Kreise Gerdauen ziemlich unerheblich.

Die niedrigste Zahl weist das Multiplum im Jahre 1888 mit 38,0, die höchste im Jahre 1889 mit 46,6 auf. Die Abweichungen vom Durchschnitt des Multiplum betragen für den Kreis + 4,3 und — 4,3.

Bei Anwendung des für den Kreis durchschnittlich ermittelten Multiplum 42,3 ergiebt sich im Jahre 1888 ein Wert für den Hektar von 42,3 · 10,60 Mark Grundsteuerreinertrag = **448 Mark**, während der durch das Taxverfahren der Landschaft festgesetzte Wert auf **403 Mark**, also **45 Mark oder 11 Prozent niedriger** normiert ist. Im Jahre 1889 beträgt der auf Grund des Multiplum ermittelte Wert für den Hektar 42,3 · 8,90 Mark Grundsteuerreinertrag = **376 Mark**. Die landschaftliche Taxe stellt dagegen den Wert auf 416 Mark, mithin **40 Mark oder 10 Prozent höher** fest.

Das beiderseitige Verfahren der Wertsermittelung differiert demnach im ganzen **pro Hektar um 85 Mark oder 21 Prozent**.

VIII. Goldap.

Der Kreis Goldap weist für den in Rechnung gezogenen Zeitraum 127 Abschätzungen auf. Dieselben sind auf einer Gesamtfläche von 12281,92 Hektar vorgenommen und betragen 18 Prozent der grundsteuerpflichtigen Kreisfläche, die von Meitzen auf 269726 Morgen angegeben wird. Der Gesamttaxwert der Landschaft für die in den 6 Jahren geschätzten Güter beträgt 4344700 Mark, der Wert für 1 Hektar demnach 353 Mark.

Die Abschätzungen verteilen sich nach Zahl und Größe auf die einzelnen Jahre wie folgt:

	1885	1886	1887	1888	1889	1890
Anzahl der Taxen ...	7	22	22	29	21	26
Gesamtgröße in Hektar	1557,24	3185,53	1186,18	4531,77	917,52	903,65.

Nach Meitzen beträgt der Grundsteuerreinertrag auf den steuerpflichtigen Morgen im Kreise durchschnittlich 13 Silbergroschen, für den Hektar demnach 5,20 Mark.

Der Grundsteuerreinertrag der geschätzten Grundstücke ergiebt für den Hektar in Mark für das Jahr:

1885	1886	1887	1888	1889	1890
4,45	4,40	6,10	6,70	4,30	5,00

Der landschaftliche Schätzungswert für den Hektar in Mark beträgt im Jahre:

1885	1886	1887	1888	1889	1890	Durchschnitt
358	306	361	401	308	314	353

Der Grundsteuerreinertrag ist im Taxwert enthalten:

80,3 69,2 59,4 59,7 71,9 62,6 67,2.

Die Schwankungen des Multiplum sind im Kreise Goldap recht erheblich.

Die niedrigste Zahl weist das Multiplum im Jahre 1887 mit 59,4 auf, die höchste erreicht dasselbe im Jahre 1885 mit 80,3. Die Abweichungen vom Durchschnitt des Multiplum betragen für den Kreis $+$ 13,1 und $-$ 7,8. Bei Anwendung des für den Kreis durchschnittlich ermittelten Multiplum ergiebt sich im Jahre 1887 ein Wert für den Hektar von $67,2 \cdot 6,10$ Mark Grundsteuerreinertrag $=$ 410 Mark, während der durch das Taxverfahren der Landschaft festgestellte Wert auf 361 Mark, also 49 Mark oder **14 Prozent niedriger** normiert ist.

Im Jahre 1885 beträgt der auf Grund des Multiplum ermittelte Wert für den Hektar $67,2 \cdot 4,45$ Mark Grundsteuerreinertrag $=$ 299 Mark. Die landschaftliche Taxe stellt dagegen den Wert auf 358 Mark, mithin **59 Mark oder 16 Prozent höher fest.**

Das beiderseitige Verfahren der Wertsschätzung differiert demnach im ganzen **pro Hektar um 108 Mark oder 30 Prozent.**

IX. Gumbinnen.

Der Kreis Gumbinnen weist für den in Rechnung gezogenen Zeitraum 110 Abschätzungen auf. Dieselben sind auf einer Gesamtfläche von 7582,21 Hektar vorgenommen und betragen 13 Prozent der grundsteuerpflichtigen Kreisfläche, die von Meitzen auf 230206 Morgen angegeben wird.

Der Gesamttaxwert der Landschaft für die in den 6 Jahren geschätzten Güter beträgt 3458900 Mark, für 1 Hektar demnach 456 Mark.

Die Abschätzungen verteilen sich nach Zahl und Größe auf die einzelnen Jahre wie folgt:

	1885	1886	1887	1888	1889	1890
Anzahl der Taxen ...	12	26	23	18	15	16
Gesamtgröße in Hektar .	1288,24	1839,63	1561,82	1202,26	1024,00	666,24

Nach Meitzen beträgt der Grundsteuerreinertrag auf den steuerpflichtigen Morgen im Kreise durchschnittlich 25 Silbergroschen, für den Hektar demnach 10,00 Mark.

Der Grundsteuerreinertrag der geschätzten Grundstücke ergiebt für den Hektar in Mark für das Jahr:

1885	1886	1887	1888	1889	1890
10,20	10,00	9,50	10,80	9,60	9,60

Der landschaftliche Schätzungswert für den Hektar in Mark beträgt im Jahre:

1885	1886	1887	1888	1889	1890	Durchschnitt
481	462	460	471	427	402	456

Der Grundsteuerreinertrag ist im Taxwert enthalten:

47,3   46,4   48,4   43,6   44,4   41,9   45,3.

Erhebliche Schwankungen des Multiplum sind im Kreise Gumbinnen nicht vorhanden.

Die niedrigste Zahl weist das Multiplum im Jahre 1890 mit 41,9 auf, die höchste erreicht dasselbe im Jahre 1887 mit 48,4. Die Abweichungen vom Durchschnitt des Multiplum betragen für den Kreis + 3,1 und − 3,4. Bei Anwendung des für den Kreis durchschnittlich ermittelten Multiplum 45,3 ergiebt sich im Jahre 1890 ein Wert für den Hektar von 45,3 · 9,60 Mark Grundsteuerreinertrag = **435 Mark**, während der durch das Taxverfahren der Landschaft festgesetzte Wert auf 402 Mark, also 33 **Mark oder 8 Prozent niedriger normiert ist.**
Im Jahre 1887 beträgt der auf Grund des Multiplum ermittelte Wert für den Hektar 45,3 · 9,50 Mark Grundsteuerreinertrag = 430 **Mark.** Die landschaftliche Taxe stellt dagegen den Wert auf 460 **Mark,** mithin um 30 Mark oder 7 Prozent höher fest.

Das beiderseitige Verfahren der Wertsschätzung differiert demnach im ganzen **pro Hektar um 63 Mark oder 15 Prozent.**

X. Heiligenbeil.

Der Kreis Heiligenbeil weist für den in Rechnung gezogenen Zeitraum 60 Abschätzungen auf.

Dieselben sind auf einer Gesamtfläche von 16258,25 Hektar vorgenommen und betragen 20 Prozent der grundsteuerpflichtigen Kreisfläche, die von Meitzen auf 323 386 Morgen angegeben wird.

Der Gesamttaxwert der Landschaft für die in den 6 Jahren geschätzten Güter beträgt 7 370 300 Mark; für 1 Hektar beträgt demnach der Wert 453 Mark.

Die Abschätzungen verteilen sich nach Zahl und Größe auf die einzelnen Jahre wie folgt:

Anzahl der Taxen..	1885	1886	1887	1888	1889	1890
	8	17	10	5	12	8
Gesamtgröße in Hektar	1566,92	5059,44	3177,49	733,69	2105,32	3615,35

Nach Meißen beträgt der Grundsteuerreinertrag auf den steuerpflichtigen Morgen im Kreise durchschnittlich 27 Sgr., für den Hektar demnach 10,80 Mark. Der Grundsteuerreinertrag der geschätzten Grundstücke ergiebt für den Hektar in Mark für das Jahr:

1885	1886	1887	1888	1889	1890
10,50	10,30	8,30	15,80	11,60	8,20

Der landschaftliche Schätzungswert für den Hektar in Mark beträgt für das Jahr:

1885	1886	1887	1888	1889	1890	Durchschnitt
461	452	426	529	500	433	453

Der Grundsteuerreinertrag ist im Taxwert enthalten:

43,9	43,8	51,2	33,4	43,2	52,8	44,7

Im Kreise Heiligenbeil finden sich nicht unerhebliche Schwankungen des Multiplum vor. Die niedrigste Zahl weist das Multiplum im Jahre 1888 mit 33,4, die höchste im Jahre 1890 mit 52,8 auf. Die Abweichungen vom Durchschnitt des Multiplum betragen für den Kreis + 8,1 und — 11,3. Bei Anwendung des für den Kreis durchschnittlich ermittelten Multiplum 44,7 ergiebt sich im Jahre 1888 ein Wert für den Hektar von 44,7 · 15,80 Mark Grundsteuerreinertrag = 706 **Mark**, während der durch das Taxverfahren der Landschaft festgestellte Wert auf 529 **Mark**, mithin 177 **Mark** oder 33 **Prozent** niedriger normiert ist. Im Jahre 1890 beträgt der auf Grund des Multiplum ermittelte Wert für den Hektar 44,7 · 8,20 Mark Grundsteuerreinertrag = 367 **Mark**. Die landschaftliche Lage stellt dagegen den Wert auf 433 Mark, mithin um 66 **Mark oder** 15 **Prozent höher** fest.

Das beiderseitige Verfahren der Wertsschätzung differiert demnach im ganzen pro Hektar um 243 **Mark oder** 48 **Prozent.**

XI. Heilsberg.

Der Kreis Heilsberg weist für den in Rechnung gezogenen Zeitraum 131 Abschätzungen auf. Dieselben sind auf einer Gesamtfläche von 8904,91 Hektar vorgenommen und betragen 9 Prozent der grundsteuerpflichtigen Kreisfläche, die von Meißen auf 377 329 Morgen angegeben ist. Der Gesamttaxwert der Landschaft für die in den 6 Jahren geschätzten Güter beträgt 3 163 398 Mark, für 1 Hektar demnach 355 Mark.

Die Abschätzungen verteilen sich nach Zahl und Größe auf die einzelnen Jahre wie folgt:

Anzahl der Taxen	1885	1886	1887	1888	1889	1890
	14	14	21	25	30	27
Gesamtgröße in Hektar	1666,51	1606,59	1063,70	1484,20	1876,88	1207,00

Nach Meitzen beträgt der Grundsteuerreinertrag auf den steuerpflichtigen Morgen im Kreise durchschnittlich 19 Sgr., für den Hektar demnach 7,60 Mark.

Der Grundsteuerreinertrag der geschätzten Grundstücke ergiebt für den Hektar in Mark für das Jahr:

1885	1886	1887	1888	1889	1890
6,45	7,85	7,60	7,00	7,00	7,80

Der landschaftliche Schätzungswert für den Hektar in Mark beträgt im Jahre:

1885	1886	1887	1888	1889	1890	Durchschnitt
373	367	331	351	349	350	355

Der Grundsteuerreinertrag ist im Taxwerte enthalten:

57,7	46,7	43,6	49,9	49,7	44,9	48,8

Die Schwankungen des Multiplum im Kreise sind ziemlich erheblich. Die niedrigste Zahl weist das Multiplum im Jahre 1887 mit 43,6 auf, die höchste Zahl erreicht dasselbe im Jahre 1885 mit 57,7. Die Abweichungen vom Durchschnitt des Multiplum für den Kreis betragen + 8,9 und — 5,2. Bei Anwendung des für den Kreis durchschnittlich ermittelten Multiplum 48,8 ergiebt sich im Jahre 1887 ein Wert für den Hektar von 48,8 · 7,60 Mark Grundsteuerreinertrag = **371 Mark**, während der durch das Taxverfahren der Landschaft festgesetzte Wert auf 331 Mark, also 40 Mark oder 12 Prozent niedriger normiert ist.

Im Jahre 1885 beträgt der auf Grund des Multiplum ermittelte Wert für den Hektar 48,8 · 6,45 Mark Grundsteuerreinertrag = **315 Mark**. Die landschaftliche Taxe stellt dagegen den Wert auf **373 Mark**, mithin 58 Mark oder 16 Prozent höher fest.

Das beiderseitige Verfahren der Wertsschätzung differiert demnach im ganzen **pro Hektar um 98 Mark oder 28 Prozent.**

XII. Heydekrug.

Der Kreis Heydekrug weist für den in Rechnung gezogenen Zeitraum 69 Abschätzungen auf.

Dieselben sind auf einer Gesamtfläche von 3688,15 ha vorgenommen und betragen 6 Prozent der grundsteuerpflichtigen Kreisfläche, die von Meitzen auf 231113 Morgen angegeben ist.

Der Gesamttaxwert der Landschaft für die in den 6 Jahren geschätzten Güter beträgt 1630700 Mark, für 1 Hektar demnach 442 Mark.

Die Abschätzungen verteilen sich nach Zahl und Größe auf die einzelnen Jahre wie folgt:

Anzahl der Taxen...	1885	1886	1887	1888	1889	1890
	26	13	5	7	18	20
Gesamtgröße in Hektar	211,35	1076,38	177,18	710,50	722,76	789,86

Nach Meitzen beträgt der Grundsteuerreinertrag auf den steuerpflichtigen Morgen im Kreise durchschnittlich 19 Silbergroschen, für den Hektar demnach 7,60 Mark.

Der Grundsteuerreinertrag der geschätzten Grundstücke ergiebt für den Hektar in Mark für das Jahr:

1885	1886	1887	1888	1889	1890
17,40	12,30	10,90	5,60	12,15	10,95

Der landschaftliche Schätzungswert für den Hektar in Mark beträgt im Jahre:

1885	1886	1887	1888	1889	1890	Durchschnitt
573	492	367	312	492	428	442

Der Grundsteuerreinertrag ist im Taxwert enthalten:

32,9   40,0   33,7   55,8   40,5   39,1   40,3.

Wiederum sind auch in diesem Kreise erhebliche Schwankungen vorhanden.

Die niedrigste Zahl weist das Multiplum im Jahre 1885 mit 32,9 auf, die höchste Zahl erreicht dasselbe im Jahre 1888 mit 55,8. Die Abweichungen vom Durchschnitt des Multiplum für den Kreis betragen + 15,5 und — 7,4.

Bei Anwendung des für den Kreis durchschnittlich ermittelten Multiplum ergiebt sich im Jahre 1885 ein Wert für den Hektar von 40,3 · 17,40 Mark Grundsteuerreinertrag = **701 Mark**, während der durch das Taxverfahren der Landschaft festgesetzte Wert auf **573 Mark**, mithin **128 Mark oder 22 Prozent niedriger normiert** ist.

Im Jahre 1888 beträgt der auf Grund des Multiplum ermittelte Wert für den Hektar 40,3 · 5,50 Mark Grundsteuerreinertrag = **226 Mark**. Die landschaftliche Taxe stellt dagegen den Wert auf **312 Mark**, mithin **86 Mark oder 28 Prozent höher fest**.

Das beiderseitige Verfahren der Wertsschätzung differiert demnach im ganzen **pro Hektar um 214 Mark oder 50 Prozent**.

XIII. Insterburg.

Der Kreis Insterburg weist für den in Rechnung gezogenen Zeitraum 207 Abschätzungen auf. Dieselben sind auf einer Gesamtfläche von 16126,64 Hektar vorgenommen und betragen 18 Prozent der grundsteuerpflichtigen Kreisfläche, die von Meitzen auf 356025 Morgen angegeben wird. Der Gesamttaxwert der Landschaft für die in den 6 Jahren geschätzten Güter beträgt 6906700 Mark, für 1 Hektar demnach 428 Mark.

Die Abschätzungen verteilen sich nach Zahl und Größe auf die einzelnen Jahre wie folgt:

Anzahl der	1885	1886	1887	1888	1889	1890
Taxen...	22	43	45	26	45	26
Gesamtgröße in Hektar.	2032,39	4228,60	3133,70	1783,52	3232,67	1715,73

Nach Meitzen beträgt der Grundsteuerreinertrag auf den steuerpflichtigen Morgen im Kreise durchschnittlich 23 Silbergroschen, für den Hektar demnach 9,20 Mark.

Der Grundsteuerreinertrag der geschätzten Grundstücke ergiebt für den Hektar in Mark für das Jahr:

1885	1886	1887	1888	1889	1890
8,20	9,00	9,05	9,70	9,05	9,40

Der landschaftliche Schätzungswert für den Hektar in Mark beträgt im Jahre:

1885	1886	1887	1888	1889	1890	Durchschnitt
400	430	410	425	439	473	428

Der Grundsteuerreinertrag ist im Taxwert enthalten:

48,9 48,0 45,3 43,8 48,4 50,2 47,4.

Erhebliche Schwankungen des Multiplum sind im Kreise Insterburg nicht vorhanden. Die niedrigste Zahl weist das Multiplum im Jahre 1888 mit 43,8, die höchste im Jahre 1890 mit 50,2. Die Abweichungen vom Durchschnitt des Multiplum betragen für den Kreis + 2,8 und — 3,6.

Bei Anwendung des für den Kreis durchschnittlich ermittelten Multiplum 47,4 ergiebt sich im Jahre 1888 ein Wert für den Hektar von 47,4·9,70 Mark Grundsteuerreinertrag = **460 Mark**, während der durch das Taxverfahren der Landschaft festgesetzte Wert auf **425 Mark**, mithin **35 Mark oder 8 Prozent niedriger** normiert ist.

Im Jahre 1890 beträgt der auf Grund des Multiplum ermittelte Wert für den Hektar 47,4·9,40 Mark Grundsteuerreinertrag =

446 Mark. Die landschaftliche Taxe stellt dagegen den Wert auf 473 Mark, mithin 27 Mark oder 6 Prozent höher fest.

Das beiderseitige Verfahren der Wertsschätzung differiert demnach im ganzen **pro Hektar um 62 Mark oder 14 Prozent.**

XIV. Johannisburg.

Der Kreis Johannisburg weist für den in Rechnung gezogenen Zeitraum 83 Abschätzungen auf.

Dieselben sind auf einer Gesamtfläche von 13109,31 Hektar vorgenommen und betragen 14 Prozent der grundsteuerpflichtigen Kreisfläche, die von Meitzen auf 381594 Morgen angegeben wird.

Der Gesamttaxwert der Landschaft für die in den 6 Jahren geschätzten Güter beträgt 3119600 Mark, für den Hektar demnach 238 Mark.

Die Abschätzungen verteilen sich nach Zahl und Größe auf die einzelnen Jahre wie folgt:

Anzahl der Taxen	1885	1886	1887	1888	1889	1890
	19	12	20	11	11	20
Gesamtgröße in Hektar	1824,21	1323,96	4720,86	819,63	1573,42	2847,21

Nach Meitzen beträgt der Grundsteuerreinertrag auf den steuerpflichtigen Morgen im Kreise durchschnittlich 10 Sgr., für den Hektar demnach 4 Mark.

Der Grundsteuerreinertrag der geschätzten Grundstücke ergiebt für den Hektar in Mark für das Jahr:

1885	1886	1887	1888	1889	1890
3,60	4,65	3,65	4,00	3,10	4,50

Der landschaftliche Schätzungswert für den Hektar in Mark beträgt im Jahre:

1885	1886	1887	1888	1889	1890	Durchschnitt
219	270	219	198	231	283	238

Der Grundsteuerreinertrag ist im Taxwert enthalten:

61,1 58,2 59,7 49,1 74,8 62,9 61,0.

Das Multiplum weist im Kreise Johannisburg sehr erhebliche Schwankungen auf. Die niedrigste Zahl zeigt das Multiplum im Jahre 1888 mit 49,1, die höchste erreicht dasselbe im folgenden Jahre mit 74,8. Die Abweichungen vom Durchschnitt des Multiplum für den Kreis betragen $+$ 13,8 und $-$ 11,9.

Bei Anwendung des für den Kreis durchschnittlich ermittelten Multiplum 61,0 ergiebt sich im Jahre 1888 ein Wert für den Hektar von 61,0 · 4,00 Mark Grundsteuerreinertrag = **244 Mark**, während der durch das Taxverfahren der Landschaft festgesetzte Wert auf 198 Mark, mithin 46 Mark oder 23 Prozent niedriger normiert ist.

Im Jahre 1889 beträgt der auf Grund des Multiplum ermittelte Wert für den Hektar 61,0 · 3,10 Mark Grundsteuerreinertrag = 189 Mark. Die landschaftliche Taxe stellt dagegen den Wert auf 231 Mark, mithin 42 Mark oder 18 Prozent höher fest.

Das beiderseitige Verfahren der Wertsschätzung differiert demnach im ganzen **pro Hektar um 88 Mark oder 41 Prozent.**

XV. Königsberg.

Der Kreis Königsberg weist für den in Rechnung gezogenen Zeitraum 151 Abschätzungen auf. Dieselben sind auf einer Gesamtfläche von 16525,35 Hektar vorgenommen und betragen 18 Prozent der grundsteuerpflichtigen Kreisfläche, die von Meitzen für den Landkreis auf 370520 Morgen angegeben wird. Der Gesamttaxwert der Landschaft für die in den 6 Jahren geschätzten Güter beträgt 8278884 Mark, für 1 Hektar demnach 501 Mark.

Die Abschätzungen verteilen sich nach Zahl und Größe auf die einzelnen Jahre wie folgt:

Anzahl der Taxen...	1885	1886	1887	1888	1889	1890
	30	41	17	26	20	17
Gesamtgröße in Hektar	2512,09	5294,09	1435,23	1582,85	2516,64	3184,44

Nach Meitzen beträgt der Grundsteuerreinertrag auf den steuerpflichtigen Morgen im Landkreise durchschnittlich 39 Sgr., für den Hektar demnach 15,60 Mark.

Der Grundsteuerreinertrag der geschätzten Grundstücke ergiebt für den Hektar in Mark für das Jahr:

1885	1886	1887	1888	1889	1890
15,80	14,35	15,00	14,55	12,55	12,60.

Der landschaftliche Schätzungswert für den Hektar in Mark beträgt im Jahre:

1885	1886	1887	1888	1889	1890	Durchschnitt
502	505	522	480	472	518	501.

Der Grundsteuerreinertrag ist im Taxwert enthalten:

31,8	35,2	34,8	33,0	37,6	41,1	35,6.

Erhebliche Schwankungen des Multiplum sind im Kreise Königsberg nicht vorhanden. Die niedrigste Zahl weist das Multiplum im Jahre 1885 mit 31,8 auf, die höchste im Jahre 1890 mit 41,1. Die

Abweichungen vom Durchschnitt des Multiplum für den Kreis betragen
+ 5,5 und — 3,8. Bei Anwendung des für den Kreis durchschnitt=
lich ermittelten Multiplum 35,6 ergiebt sich im Jahre 1885 ein Wert
für den Hektar von 35,6 . 15,80 Mark Grundsteuerreinertrag = 562 Mark,
während der durch das Taxverfahren der Landschaft festgesetzte Wert auf
502 Mark, also 60 Mark oder 12 Prozent niedriger normiert ist.

Im Jahre 1890 beträgt der auf Grund des Multiplum ermittelte
Wert für den Hektar 35,6 . 12,60 Mark Grundsteuerreinertrag = 449 Mark.
Die landschaftliche Taxe stellt dagegen den Wert auf 518 Mark, mit=
hin 69 Mark oder 13 Prozent höher fest.

Das beiderseitige Verfahren der Wertsschätzung differiert dem=
nach im ganzen **pro Hektar um 129 Mark oder 25 Prozent.**

XVI. Labiau.

Der Kreis Labiau weist für den in Rechnung gezogenen Zeit=
raum 91 Abschätzungen auf. Dieselben sind auf einer Gesamtfläche
von 8019,84 Hektar vorgenommen und betragen 15 Prozent der grund=
steuerpflichtigen Kreisfläche, die von Meitzen auf 205842 Morgen an=
gegeben ist. Der Gesamttaxwert der Landschaft für die in den 6 Jahren
geschätzten Güter beträgt 3837300 Mark, der Durchschnittswert für
1 Hektar demnach 478 Mark.

Die Abschätzungen verteilen sich nach Zahl und Größe auf die
einzelnen Jahre wie folgt:

Anzahl der	1885	1886	1887	1888	1889	1890
Taxen . . .	13	21	13	13	21	10
Gesamtgröße in Hektar . .	1697,58	2630,98	642,69	498,72	984,01	565,84.

Nach Meitzen beträgt der Grundsteuerreinertrag auf den steuer=
pflichtigen Morgen im Kreise durchschnittlich 30 Sgr., für den Hektar
demnach 12 Mark.

Der Grundsteuerreinertrag der geschätzten Grundstücke ergiebt für
den Hektar in Mark für das Jahr:

1885	1886	1887	1888	1889	1890
12,65	11,15	11,10	8,95	10,20	10,75.

Der landschaftliche Schätzungswert für den Hektar in Mark be=
trägt im Jahre:

1885	1886	1887	1888	1889	1890	Durchschnitt
488	471	454	428	499	482	478.

Der Grundsteuerreinertrag ist im Taxwerte enthalten:
38,6	42,2	41,0	47,7	48,9	44,8	43,9.

Bis auf das Jahr 1885 sind im Kreise Labiau erhebliche Schwankungen nicht vorhanden. Die niedrigste Zahl weist das Multiplum im vorhin genannten Jahre mit 38,6 auf, die höchste erreicht dasselbe im Jahre 1889 mit 48,9. Die Abweichungen vom Durchschnitt des Multiplum betragen für den Kreis + 5,0 und — 5,3. Bei Anwendung des für den Kreis durchschnittlich ermittelten Multiplum 43,9 ergiebt sich im Jahre 1885 ein Wert für den Hektar von 43,9 · 12,65 Mark Grundsteuerreinertrag = 555 Mark, während der durch das Taxverfahren der Landschaft festgesetzte Wert **auf 488 Mark**, also **67 Mark oder 14 Prozent niedriger** veranschlagt ist.

Im Jahre 1889 beträgt der auf Grund des Multiplum ermittelte Wert für den Hektar 43,9 · 10,20 Mark Grundsteuerreinertrag = **448 Mark**. Die landschaftliche Taxe stellt dagegen den Wert auf 499 Mark, mithin 51 Mark oder 10 Prozent höher fest.

Das beiderseitige Verfahren der Wertsschätzung differiert demnach im ganzen **pro Hektar um 118 Mark oder 24 Prozent**.

XVII. Lötzen.

Der Kreis Lötzen weist für den in Rechnung gezogenen Zeitraum 202 Abschätzungen auf. Dieselben sind auf einer Gesamtfläche von 13563,29 Hektar vorgenommen und betragen 20 Prozent der grundsteuerpflichtigen Kreisfläche, die von Meitzen auf 274300 Morgen angegeben ist. Der Gesamttaxwert der Landschaft für die in den 6 Jahren geschätzten Güter beträgt 3850100 Mark, der Durchschnittswert für 1 Hektar demnach 283 Mark.

Die Abschätzungen verteilen sich nach Zahl und Größe auf die einzelnen Jahre wie folgt:

Anzahl der Taxen ...	1885	1886	1887	1888	1889	1890
	27	37	48	39	26	25
Gesamtgröße in Hektar .	1654,36	3025,28	2511,25	2952,52	1550,37	1869,49

Nach Meitzen beträgt der Grundsteuerreinertrag auf den steuerpflichtigen Morgen im Kreise durchschnittlich 13 Silbergroschen, für den Hektar demnach 5,20 Mark.

Der Grundsteuerreinertrag der geschätzten Grundstücke ergiebt für den Hektar in Mark für das Jahr:

1885	1886	1887	1888	1889	1890
4,90	5,25	4,95	4,90	4,90	5,50.

Der landschaftliche Schätzungswert für den Hektar in Mark beträgt im Jahre:

1885	1886	1887	1888	1889	1890	Durchschnitt
267	289	272	288	266	315	283.

Der Grundsteuerreinertrag ist im Taxwert enthalten:
54,6   55,1   55,1   59,1   54,4   57,5   56,0.

Erhebliche Schwankungen des Multiplum sind im Kreise Lötzen nicht vorhanden.

Die niedrigste Zahl weist das Multiplum im Jahre 1889 mit 54,4 auf, die höchste zeigt dasselbe im Jahre 1888 mit 59,1. Die Abweichungen vom Durchschnitt des Multiplum betragen für den Kreis + 3,1 und — 1,6.

Bei Anwendung des für den Kreis durchschnittlich ermittelten Multiplum 56,0 ergiebt sich im Jahre 1889 ein Wert für den Hektar von 56,0 · 4,90 Mark Grundsteuerreinertrag = 274 Mark, während der durch das Taxverfahren der Landschaft festgesetzte Wert auf 266 Mark, mithin 8 Mark oder 3 Prozent niedriger veranschlagt ist.

Im Jahre 1888 beträgt der auf Grund des Multiplum ermittelte Wert für den Hektar 56,0 · 4,90 Mark Grundsteuerreinertrag = 274 Mark. Die landschaftliche Taxe stellt dagegen den Wert auf 288 Mark, mithin 14 Mark oder 5 Prozent höher fest.

Das beiderseitige Verfahren der Wertschätzung differiert demnach im ganzen pro Hektar um 22 Mark oder 8 Prozent.

XVIII. Lyck.

Der Kreis Lyck weist für den in Rechnung gezogenen Zeitraum 75 Abschätzungen auf. Dieselben sind auf einer Gesamtfläche von 9700,71 Hektar vorgenommen und betragen 11 Prozent der grundsteuerpflichtigen Kreisfläche, die von Meitzen auf 358886 Morgen angegeben wird.

Der Gesamttaxwert der Landschaft beträgt für die in den 6 Jahren geschätzten Güter 3149300 Mk., der Wert für den Hektar demnach 325 Mk.

Die Abschätzungen verteilen sich nach Zahl und Größe auf die einzelnen Jahre wie folgt:

	1885	1886	1887	1888	1889	1890
Anzahl der Taxen ...	9	13	19	11	11	12
Gesamtgröße in Hektar	1235,69	1445,63	1667,34	1504,08	939,43	2908,51

Nach Meitzen beträgt der Grundsteuerreinertrag auf den steuerpflichtigen Morgen im Kreise durchschnittlich 12 Silbergroschen, für den Hektar demnach 4,80 Mark.

Der Grundsteuerreinertrag der geschätzten Grundstücke ergiebt für den Hektar in Mark für das Jahr:

1885	1886	1887	1888	1889	1890
4,95	3,90	5,20	4,55	5,95	4,85.

Der landschaftliche Schätzungswert für den Hektar in Mark beträgt im Jahre:

1885	1886	1887	1888	1889	1890	Durchschnitt
338	265	313	343	331	344	325.

Der Grundsteuerreinertrag ist im Taxwert enthalten:

68,6   67,5   60,5   75,6   55,7   71,1   66,5.

Im Kreise Lyck sind die Schwankungen des Multiplum recht wesentlich. Die niedrigste Zahl weist das Multiplum im Jahre 1889 auf mit 55,7, die höchste zeigt uns das Jahr 1888 mit 75,6. Die Abweichungen vom Durchschnitt des Multiplum betragen für den Kreis + 4,6 und — 10,8.

Bei Anwendung des für den Kreis durchschnittlich ermittelten Multiplum 66,5 ergiebt sich im Jahre 1889 ein Wert pro Hektar von 66,5 · 5,95 Mark Grundsteuerreinertrag = **396 Mark**, während der durch das Taxverfahren der Landschaft festgesetzte Wert auf **331 Mark**, mithin **65 Mark** oder **20 Prozent niedriger** normiert ist.

Im Jahre 1888 beträgt der auf Grund des Multiplum ermittelte Wert für den Hektar 66,5 · 4,55 Mark Grundsteuerreinertrag = **303 Mark**. Die landschaftliche Taxe stellt dagegen den Wert auf **343 Mark**, mithin **40 Mark** oder **12 Prozent höher** fest.

Das beiderseitige Verfahren der Wertsschätzung differiert demnach im ganzen **pro Hektar um 85 Mark** oder **32 Prozent**.

XIX. Memel.

Der Kreis Memel weist für den in Rechnung gezogenen Zeitraum 68 Abschätzungen auf. Dieselben sind auf einer Gesamtfläche von 6327,05 Hektar vorgenommen und betragen 10 Prozent der grundsteuerpflichtigen Kreisfläche, die von Meitzen auf 266732 Morgen angegeben wird.

Der Gesamttaxwert der Landschaft für die in den 6 Jahren geschätzten Güter beträgt 2040200 Mark, der Durchschnittswert für 1 Hektar demnach 322 Mark.

Nach Meitzen beträgt der Grundsteuerreinertrag auf den steuerpflichtigen Morgen im Kreise durchschnittlich 16 Silbergroschen, für den Hektar demnach 6,40 Mark.

Die Abschätzungen verteilen sich nach Zahl und Größe auf die einzelnen Jahre wie folgt:

Anzahl der	1885	1886	1887	1888	1889	1890
Taxen ...	6	14	14	5	17	12
Gesamtgröße in Hektar .	1255,14	1238,69	1268,41	633,03	1138,99	792,77

Der Grundsteuerreinertrag der geschätzten Grundstücke ergiebt für den Hektar in Mark für das Jahr:

1885	1886	1887	1888	1889	1890
6,20	9,40	7,20	4,20	5,30	5,45

Der landschaftliche Schätzungswert für den Hektar in Mark beträgt im Jahre:

1885	1886	1887	1888	1889	1890	Durchschnitt
272	403	334	280	287	343	322

Der Grundsteuerreinertrag ist im Taxwert enthalten:
43,9   43,0   46,3   66,3   54,0   62,7   52,7.

Im Kreise Memel sind die vorhandenen Schwankungen des Multiplum als recht erhebliche zu bezeichnen. Die niedrigste Zahl weist das Multiplum im Jahre 1886 mit 43,0, die höchste im Jahre 1888 mit 66,3 auf. Die Abweichungen vom Durchschnitt des Multiplum für den Kreis betragen + 13,6 und — 9,7. Bei Anwendung des für den Kreis durchschnittlich ermittelten Multiplum 52,7 ergiebt sich im Jahre 1886 ein Wert für den Hektar von 52,7 · 9,40 Mark Grundsteuerreinertrag = 495 Mark, während der durch das Taxverfahren der Landschaft festgesetzte Wert auf 403 Mark, mithin 92 Mark oder 23 Prozent niedriger normiert ist.

Im Jahre 1888 beträgt der auf Grund des Multiplum ermittelte Wert für den Hektar 52,7 · 4,20 Mark Grundsteuerreinertrag = 221 Mark. Die landschaftliche Taxe stellt dagegen den Wert auf 280 Mark, mithin 59 Mark oder 21 Prozent höher fest.

Das beiderseitige Verfahren der Wertsschätzung differiert demnach im ganzen pro Hektar um 151 Mark oder 44 Prozent.

XX. Mohrungen.

Der Kreis Mohrungen weist für den in Rechnung gezogenen Zeitraum 58 Abschätzungen auf. Dieselben sind auf einer Gesamtfläche von 14045,82 Hektar vorgenommen und betragen 14 Prozent der grundsteuerpflichtigen Kreisfläche, die von Meitzen auf 406766 Morgen angegeben wird.

Der Gesamttaxwert der Landschaft für die in den 6 Jahren geschätzten Güter beträgt 6330800 Mark, für 1 Hektar demnach 451 Mark.

Die Abschätzungen verteilen sich nach Zahl und Größe auf die einzelnen Jahre wie folgt:

Anzahl der Taxen	1885	1886	1887	1888	1889	1890
	10	12	13	13	6	4
Gesamtgröße in Hektar	4004,93	2850,13	2641,06	3268,42	470,12	811,12

Nach Meitzen beträgt der Grundsteuerreinertrag auf den steuerpflichtigen Morgen im Kreise durchschnittlich 20 Sgr., für den Hektar demnach 8,00 Mark.

Der Grundsteuerreinertrag der geschätzten Grundstücke beträgt für den Hektar in Mark im Jahre:

1885	1886	1887	1888	1889	1890
7,50	9,20	7,00	6,70	8,55	11,90

Der landschaftliche Schätzungswert für den Hektar in Mark beträgt im Jahre:

1885	1886	1887	1888	1889	1890	Durchschnitt
479	494	417	400	429	486	451

Der Grundsteuerreinertrag ist im Taxwert enthalten:

63,6   53,6   59,6   59,5   50,2   40,8   54,6.

Die nicht unbedeutenden Schwankungen des Multiplum weisen im Kreise Mohrungen eine fallende Bewegung auf. Die niedrigste Zahl hat das Multiplum im Jahre 1890 mit 40,8, die höchste besitzt dasselbe im Jahre 1885 mit 63,6. Die Abweichungen vom Durchschnitt des Multiplum betragen für den Kreis + 9,0 und − 13,8.

Bei Anwendung des für den Kreis durchschnittlich ermittelten Multiplum ergiebt sich im Jahre 1890 ein Wert für den Hektar von 54,6 · 11,90 Mark Grundsteuerreinertrag = 650 Mark, während der durch das Taxverfahren der Landschaft festgesetzte Wert auf 486 Mark, mithin 164 Mark oder 34 Prozent niedriger normiert ist.

Im Jahre 1885 beträgt der auf Grund des Multiplum ermittelte Wert für den Hektar 54,6 · 7,50 Mark Grundsteuerreinertrag = 410 Mark. Die landschaftliche Taxe stellt dagegen den Wert auf 479 Mark, mithin 69 Mark oder 14 Prozent höher fest.

Das beiderseitige Verfahren der Wertsschätzung differiert demnach im ganzen pro Hektar um 233 Mark oder 48 Prozent.

XXI. Neidenburg.

Der Kreis Neidenburg weist für den in Rechnung gezogenen Zeitraum 262 Abschätzungen auf. Dieselben sind auf einer Gesamtfläche von 24907,93 Hektar vorgenommen und betragen 19 Prozent der grundsteuerpflichtigen Kreisfläche, die von Meitzen auf 535784 Morgen angegeben wird.

Der Gesamttaxwert der Landschaft für die in den 6 Jahren geschätzten Güter beträgt 6399000 Mark, der Durchschnittswert für 1 Hektar demnach 257 Mark.

Die Abschätzungen verteilen sich nach Zahl und Größe auf die einzelnen Jahre wie folgt:

Anzahl der	1885	1886	1887	1888	1889	1890
Taxen ..	27	46	76	36	50	27
Gesamtgröße in Hektar	3016,53	4463,32	6481,79	4201,91	4229,25	2515,10

Nach Meitzen beträgt der Grundsteuerreinertrag auf den steuerpflichtigen Morgen im Kreise durchschnittlich 10 Sgr., für den Hektar demnach 4,00 Mark.

Der Grundsteuerreinertrag der abgeschätzten Grundstücke ergiebt für den Hektar in Mark für das Jahr:

1885	1886	1887	1888	1889	1890
3,90	5,40	4,40	4,25	4,50	3,55

Der landschaftliche Schätzungswert für den Hektar in Mark beträgt im Jahre:

1885	1886	1887	1888	1889	1890	Durchschnitt
238	283	261	250	254	240	257

Der Grundsteuerreinertrag ist im Taxwerte enthalten:

61,2 52,5 59,1 58,7 56,7 68,0 59,4.

Die vorhandenen Schwankungen des Multiplum sind im Kreise Neidenburg recht erheblich. Die niedrigste Zahl weist das Multiplum im Jahre 1886 mit 52,5 auf, die höchste erreicht dasselbe im Jahre 1890 mit 68,0. Die Abweichungen vom Durchschnitt des Multiplum betragen im Kreise $+ 8,6$ und $- 6,9$.

Bei Anwendung des für den Kreis durchschnittlich ermittelten Multiplum ergiebt sich im Jahre 1886 ein Wert für den Hektar von $59,4 \cdot 5,40$ Mark Grundsteuerreinertrag $= 321$ **Mark**, während der durch das Taxverfahren der Landschaft festgesetzte Wert auf 283 **Mark**, mithin 38 **Mark** oder 13 **Prozent niedriger** normiert ist.

Im Jahre 1890 beträgt der auf Grund des Multiplum ermittelte Wert für den Hektar $59,4 \cdot 3,55$ Mark Grundsteuerreinertrag $= 211$ **Mark**.

Die landschaftliche Taxe stellt dagegen den Wert auf 240 Mark, mithin 29 Mark oder 12 Prozent höher fest. Das beiderseitige Verfahren der Wertsschätzung differiert demnach im ganzen pro Hektar um 67 Mark oder 25 Prozent.

XXII. Niederung.

Der Kreis Niederung weist für den in Rechnung gezogenen Zeitraum 198 Abschätzungen auf. Dieselben sind auf einer Gesamtfläche von 7806,10 Hektar vorgenommen und betragen 13 Prozent der grundsteuerpflichtigen Kreisfläche, die von Meitzen auf 247684 Morgen angegeben wird.

Der Gesamttaxwert der Landschaft für die in den 6 Jahren geschätzten Güter beträgt 4685450 Mark, für 1 Hektar demnach 600 Mark.

Die Abschätzungen verteilen sich nach Zahl und Größe auf die einzelnen Jahre wie folgt:

	1885	1886	1887	1888	1889	1890
Anzahl der Taxen...	34	36	32	33	36	27
Gesamtgröße in Hektar..	1515,70	1771,40	1274,23	1209,83	1060,03	974,88

Der Grundsteuerreinertrag beträgt nach Meitzen für den steuerpflichtigen Morgen im Kreise durchschnittlich 39 Sgr., für den Hektar demnach 15,60 Mark.

Der Grundsteuerreinertrag der geschätzten Grundstücke ergiebt für den Hektar in Mark für das Jahr:

1885	1886	1887	1888	1889	1890
18,00	20,10	21,20	20,50	17,75	19,20

Der landschaftliche Schätzungswert für den Hektar in Mark beträgt im Jahre:

1885	1886	1887	1888	1889	1890	Durchschnitt
571	582	653	632	567	605	600

Der Grundsteuerreinertrag ist im Taxwert enthalten:

31,7	29,0	30,8	30,9	32,0	31,5	31,0

Die Uebereinstimmung des Multiplum ist im Kreise Niederung für die in Betracht kommenden Jahre eine sehr vollkommene. Die niedrigste Zahl weist das Multiplum im Jahre 1886 mit 29,0 auf, die höchste erreicht dasselbe im Jahre 1889 mit 32,0. Die Abweichungen vom Durchschnitt des Multiplum betragen für den Kreis + 1 und − 2.

Bei Anwendung des für den Kreis durchschnittlich ermittelten Multiplum 31,0 ergiebt sich im Jahre 1886 ein Wert für den Hektar von 31,0 · 20,10 Mark Grundsteuerreinertrag = **623 Mark**, während der durch das Taxverfahren der Landschaft festgestellte Wert auf 582 Mark, mithin 41 Mark oder 7 Prozent niedriger normiert ist.

Im Jahre 1889 beträgt der auf Grund des Multiplum ermittelte Wert für den Hektar 31,0 · 17,75 Mark Grundsteuerreinertrag = 550 Mark. Die landschaftliche Taxe stellt dagegen den Wert auf 567 Mark, mithin 17 Mark oder 3 Prozent höher fest.

Das beiderseitige Verfahren der Wertsschätzung differiert demnach im ganzen pro Hektar um 58 Mark oder 10 Prozent.

XXIII. Oletzko.

Der Kreis Oletzko weist für den in Rechnung gezogenen Zeitraum 192 Abschätzungen auf.

Dieselben sind auf einer Gesamtfläche von 16295,51 Hektar vorgenommen und betragen 23 Prozent der grundsteuerpflichtigen Kreisfläche, die von Meitzen auf 277880 Morgen angegeben wird.

Der Gesamttaxwert für die in den 6 Jahren geschätzten Güter beträgt 5146350 Mark, der Durchschnittswert für 1 Hektar demnach 316 Mark.

Die Abschätzungen verteilen sich nach Zahl und Größe auf die einzelnen Jahre wie folgt:

Anzahl der Taxen	1885	1886	1887	1888	1889	1890
	27	38	42	23	31	31
Gesamtgröße in Hektar	2744,36	4338,29	2202,42	2113,90	3062,65	1833,87

Nach Meitzen beträgt der Grundsteuerreinertrag auf den steuerpflichtigen Morgen im Kreise durchschnittlich 11 Sgr., für den Hektar demnach 4,40 Mark.

Der Grundsteuerreinertrag der geschätzten Grundstücke ergiebt für den Hektar in Mark für das Jahr:

1885	1886	1887	1888	1889	1890
4,65	4,75	4,75	4,65	4,00	4,40

Der landschaftliche Schätzungswert für den Hektar in Mark beträgt im Jahre:

1885	1886	1887	1888	1889	1890	Durchschnitt
325	332	269	318	308	325	316..

Der Grundsteuerreinertrag ist im Taxwert enthalten:

| 70,4 | 69,9 | 56,7 | 68,1 | 77,5 | 74,2 | 69,5 |

Die Schwankungen des Multiplum müssen im Kreise Oletzko als recht erheblich bezeichnet werden. Die niedrigste Zahl weist das Multiplum im Jahre 1887 mit 56,7 auf, die höchste erreicht dasselbe im Jahre 1889 mit 77,5. Die Abweichungen vom Durchschnitt des Multiplum betragen für den Kreis + 12,8 und — 8,0.

Bei Anwendung des für den Kreis durchschnittlich ermittelten Multiplum 69,5 ergiebt sich im Jahre 1887 ein Wert für den Hektar von 69,5 · 4,75 Mark Grundsteuerreinertrag = 330 Mark, während der durch das Taxverfahren der Landschaft festgesetzte Wert nur 269 Mark, mithin 61 Mark oder 23 Prozent niedriger normiert ist.

Im Jahre 1889 beträgt der auf Grund des Multiplum ermittelte Wert für den Hektar 69,5 · 4,00 Mark Grundsteuerreinertrag = 278 Mark. Die landschaftliche Taxe stellt dagegen den Wert auf 308 Mark, mithin 30 Mark oder 10 Prozent höher fest.

Das beiderseitige Verfahren der Wertsschätzung differiert demnach im ganzen pro Hektar um 91 Mark oder 33 Prozent.

XXIV. Ortelsburg.

Der Kreis Ortelsburg weist für den in Rechnung gezogenen Zeitraum 182 Abschätzungen auf.

Dieselben sind auf einer Gesamtfläche von 15745,86 Hektar vorgenommen und betragen 12 Prozent der grundsteuerpflichtigen Kreisfläche, die von Meitzen auf 507018 Morgen angegeben wird. Der Gesamttaxwert der Landschaft für die in den 6 Jahren geschätzten Güter beträgt 3951836 Mark, der Durchschnittswert für 1 Hektar demnach 251 Mark.

Die Abschätzungen verteilen sich nach Zahl und Größe auf die einzelnen Jahre wie folgt:

Anzahl der Taxen ...	1885	1886	1887	1888	1889	1890
	27	27	26	42	25	35
Gesamtgröße in Hektar .	5802,45	2790,75	1511,05	2268,83	1499,61	1873,15.

Nach Meitzen beträgt der Grundsteuerreinertrag auf den steuerpflichtigen Morgen im Kreise durchschnittlich 9 Silbergroschen, für den Hektar demnach 3,60 Mark.

Der Grundsteuerreinertrag der geschätzten Grundstücke ergiebt für den Hektar in Mark für das Jahr:

1885	1886	1887	1888	1889	1890
4,05	4,40	4,40	3,80	3,90	3,40.

Der landschaftliche Schätzungswert für den Hektar in Mark beträgt im Jahre:

1885	1886	1887	1888	1889	1890	Durchschnitt
267	316	255	202	212	191	251.

Der Grundsteuerreinertrag ist im Taxwert enthalten:

1885	1886	1887	1888	1889	1890	Durchschnitt
65,7	71,6	57,6	53,5	54,1	56,7	59,9.

Bis auf die Jahre 1885 und 1886 sind erhebliche Schwankungen des Multiplum im Kreise Ortelsburg nicht vorhanden. Die niedrigste Zahl weist das Multiplum im Jahre 1888 mit 53,5, die höchste im Jahre 1886 mit 71,6 auf. Die Abweichungen vom Durchschnitt des Multiplum betragen für den Kreis + 11,7 und — 6,4.

Bei Anwendung des für den Kreis durchschnittlich ermittelten Multiplum 59,9 ergiebt sich im Jahre 1886 ein Wert für den Hektar von 59,9 . 3,80 Mark Grundsteuerreinertrag = 228 Mark, während der durch das Taxverfahren der Landschaft festgesetzte Wert auf 202 Mark, also 26 Mark oder 13 Prozent niedriger normiert ist.

Im Jahre 1886 beträgt der auf Grund des Multiplum ermittelte Wert für den Hektar 59,9 . 4,40 Mark Grundsteuerreinertrag = 264 Mark. Die landschaftliche Taxe stellt dagegen den Wert auf 316 Mark, mithin 52 Mark oder 16 Prozent höher fest.

Das beiderseitige Verfahren der Wertsermittelung differiert demnach im ganzen pro Hektar um 78 Mark oder 29 Prozent.

XXV. Osterode.

Der Kreis Osterode weist für den in Rechnung gezogenen Zeitraum 109 Abschätzungen auf. Dieselben sind auf einer Gesamtfläche von 21343,75 Hektar vorgenommen und betragen 17 Prozent der grundsteuerpflichtigen Kreisfläche, die von Meitzen auf 499050 Morgen angegeben wird. Der Gesamttaxwert der Landschaft für die in den 6 Jahren geschätzten Güter beträgt 6493087 Mark, der Durchschnittswert für 1 Hektar demnach 304 Mark.

Die Abschätzungen verteilen sich nach Zahl und Größe auf die einzelnen Jahre wie folgt:

Anzahl der	1885	1886	1887	1888	1889	1890
Taxen ...	11	23	37	12	16	10
Gesamtgröße in Hektar .	2731,76	8356,12	3596,14	549,87	4792,62	1317,21.

Nach Meitzen beträgt der Grundsteuerreinertrag auf den steuerpflichtigen Morgen im Kreise durchschnittlich 13 Silbergroschen, für den Hektar demnach 5,20 Mark.

Der Grundsteuerreinertrag der geschätzten Grundstücke ergiebt für den Hektar in Mark für das Jahr:

1885	1886	1887	1888	1889	1890
4,90	3,80	5,40	5,70	6,10	6,10.

Der landschaftliche Schätzungswert für den Hektar in Mark beträgt im Jahre:

1885	1886	1887	1888	1889	1890	Durchschnitt
349	294	280	292	314	310	304.

Der Grundsteuerreinertrag ist im Taxwert enthalten:

71,3   76,9   52,2   50,9   51,3   50,7   58,9.

Bis auf die Jahre 1885 und 1886 sind erhebliche Schwankungen im Kreise Osterode nicht vorhanden.

Die niedrigste Zahl weist das Multiplum im Jahre 1890 mit 50,7, die höchste im Jahre 1886 mit 76,9 auf. Die Abweichungen vom Durchschnitt des Multiplum betragen für den Kreis + 18,0 und — 8,2.

Bei Anwendung des für den Kreis durchschnittlich ermittelten Multiplum 58,9 ergiebt sich im Jahre 1890 ein Wert für den Hektar von 58,9 · 6,10 Mark Grundsteuerreinertrag = **359 Mark,** während der durch das Taxverfahren der Landschaft festgesetzte Wert auf **310 Mark,** mithin **49 Mark oder 16 Prozent niedriger** normiert ist.

Im Jahre 1886 beträgt der auf Grund des Multiplum ermittelte Wert für den Hektar 58,9 · 3,80 Mark Grundsteuerreinertrag = **224 Mark.** Die landschaftliche Taxe stellt dagegen den Wert auf **294 Mark, mithin 70 Mark oder 24 Prozent höher** fest.

Das beiderseitige Verfahren der Wertsschätzung differiert demnach im ganzen **pro Hektar um 119 Mark oder 40 Prozent.**

XXVI. Pillkallen.

Der Kreis Pillkallen weist für den in Rechnung gezogenen Zeitraum 101 Abschätzungen auf. Dieselben sind auf einer Gesamtfläche von 9822,12 Hektar vorgenommen und betragen 13 Prozent der grundsteuerpflichtigen Kreisfläche, die von Meitzen auf 308584 Morgen angegeben wird.

Der Gesamttaxwert der Landschaft beträgt für die in den 6 Jahren geschätzten Güter 3721910 Mk., der Durchschnittswert für 1 Hektar demnach 380 Mk.

Die Abschätzungen verteilen sich nach Zahl und Größe auf die einzelnen Jahre wie folgt:

Anzahl der

	1885	1886	1887	1888	1889	1890
Taxen ...	17	20	17	12	20	15

Gesamtgröße in Hektar . 1792,32 1841,40 2186,50 1119,33 1659,16 1223,39.

Nach Meitzen beträgt der Grundsteuerreinertrag auf den steuerpflichtigen Morgen im Kreise durchschnittlich 21 Silbergroschen, für den Hektar demnach 8,40 Mark.

Der Grundsteuerreinertrag der geschätzten Grundstücke ergiebt für den Hektar in Mark für das Jahr:

1885	1886	1887	1888	1889	1890
8,70	7,90	7,45	8,75	9,00	8,65.

Der landschaftliche Schätzungswert für den Hektar in Mark beträgt im Jahre:

1885	1886	1887	1888	1889	1890	Durchschnitt
399	364	351	408	381	394	380.

Der Grundsteuerreinertrag ist im Taxwert enthalten:

45,7 46,2 47,1 46,7 42,4 45,5 45,6.

Die Uebereinstimmung des Multiplum im Kreise Pillkallen ist eine recht gute. Die niedrigste Zahl weist das Multiplum im Jahre 1889 mit 42,4, die höchste im Jahre 1887 mit 47,1 auf. Die Abweichungen vom Durchschnitt des Multiplum betragen im Kreise + 1,5 und — 3,2.

Bei Anwendung des für den Kreis durchschnittlich ermittelten Multiplum 45,6 ergiebt sich im Jahre 1889 ein Wert für den Hektar von 45,6 · 9,00 Mark Grundsteuerreinertrag = **410 Mark**, während der durch das Taxverfahren der Landschaft festgesetzte Wert auf **381 Mark**, also **29 Mark** oder **8 Prozent niedriger** normiert ist.

Im Jahre 1887 beträgt der auf Grund des Multiplum ermittelte Wert für den Hektar 45,6 · 7,45 Mark Grundsteuerreinertrag = **340 Mark**. Die landschaftliche Taxe stellt dagegen den Wert auf **351 Mark**, mithin **11 Mark** oder **3 Prozent höher** fest.

Das beiderseitige Verfahren der Wertsschätzung differiert demnach im ganzen **pro Hektar um 40 Mark** oder **11 Prozent**.

XXVII. Pr. Eylau.

Der Kreis Pr. Eylau weist für den in Rechnung gezogenen Zeitraum 185 Abschätzungen auf. Dieselben sind auf einer Gesamtfläche von 23542,73 Hektar vorgenommen und betragen 22 Prozent der grundsteuerpflichtigen Kreisfläche, die von Meitzen auf 433672 Morgen angegeben wird.

Der Gesamttaxwert für die in den 6 Jahren geschätzten Güter beträgt 9976400 Mark, der Durchschnittswert für 1 Hektar demnach 424 Mark.

Die Abschätzungen verteilen sich nach Zahl und Größe auf die einzelnen Jahre wie folgt:

Anzahl der Taxen	1885	1886	1887	1888	1889	1890
	20	58	22	16	40	29
Gesamtgröße in Hektar	2340,79	8661,00	1556,58	3442,99	2845,61	4695,75

Nach Meitzen beträgt der Grundsteuerreinertrag auf den steuerpflichtigen Morgen im Kreise durchschnittlich 24 Sgr., für den Hektar demnach 9,60 Mark.

Der Grundsteuerreinertrag der geschätzten Grundstücke ergiebt für den Hektar in Mark für das Jahr:

1885	1886	1887	1888	1889	1890
9,00	9,90	10,85	8,85	9,10	6,60

Der landschaftliche Schätzungswert für den Hektar in Mark beträgt im Jahre:

1885	1886	1887	1888	1889	1890	Durchschnitt
443	425	461	459	433	367	424

Der Grundsteuerreinertrag ist im Taxwerte enthalten:

49,2   43,0   42,5   51,9   47,5   55,5   48,2.

Die Schwankungen des Multiplum im Kreise Pr. Eylau sind nicht unerheblich.

Die niedrigste Zahl weist das Multiplum im Jahre 1887 mit 42,5, die höchste im Jahre 1890 mit 55,5 auf. Die Abweichungen vom Durchschnitt des Multiplum betragen im Kreise + 7,3 und — 5,7.

Bei Anwendung des für den Kreis durchschnittlich ermittelten Multiplum 48,2 ergiebt sich im Jahre 1887 ein Wert für den Hektar von 48,2 · 10,85 Mark Grundsteuerreinertrag = 523 **Mark**, während der durch das Taxverfahren der Landschaft festgesetzte Wert auf 461 **Mark**, mithin 62 **Mark** oder 13 **Prozent niedriger** normiert ist.

Im Jahre 1890 beträgt der auf Grund des Multiplum ermittelte Wert für den Hektar 48,2 · 6,60 Mark Grundsteuerreinertrag = 523 **Mark**. Die landschaftliche Taxe stellt dagegen den Wert auf 367 **Mark**, mithin 49 **Mark** oder 13 **Prozent höher** fest.

Das beiderseitige Verfahren der Wertsermittelung differiert demnach im ganzen **pro Hektar um 111 Mark oder 26 Prozent**.

XXVIII. Pr. Holland.

Der Kreis Pr. Holland weist für den in Rechnung gezogenen Zeitraum 54 Abschätzungen auf. Dieselben sind auf einer Gesamtfläche von 4503,78 Hektar vorgenommen und betragen 6 Prozent der grundsteuerpflichtigen Kreisfläche, die von Meitzen auf 304601 Morgen angegeben wird.

Der Gesamttaxwert der Landschaft für die in den 6 Jahren geschätzten Güter beträgt 2174892 Mark, der Durchschnittswert für 1 Hektar demnach 483 Mark.

Die Abschätzungen verteilen sich nach Zahl und Größe auf die einzelnen Jahre wie folgt:

Anzahl der	1885	1886	1887	1888	1889	1890
Taxen ..	1	18	12	13	5	5
Gesamtgröße in Hektar .	8,45	941,51	1091,37	905,06	269,83	1287,53

Nach Meitzen beträgt der Grundsteuerreinertrag auf den steuerpflichtigen Morgen im Kreise durchschnittlich 32 Sgr., für den Hektar demnach 12,80 Mark.

Der Grundsteuerreinertrag der geschätzten Grundstücke beträgt für den Hektar in Mark für das Jahr:

1885	1886	1887	1888	1889	1890
42,25	12,60	14,20	15,80	18,20	14,25

Der landschaftliche Schätzungswert für den Hektar in Mark beträgt im Jahre:

1885	1886	1887	1888	1889	1890	Durchschnitt
746	420	529	453	481	509	483

Der Grundsteuerreinertrag ist im Taxwert enthalten:

17,6 33,4 37,3 28,7 26,4 35,7 29,9.

Das Multiplum weist im Kreise Pr. Holland recht erhebliche Schwankungen auf. Die niedrigste Zahl zeigt das Multiplum im Jahre 1885 mit 17,6, die höchste besitzt dasselbe im Jahre 1887 mit 37,3. Die Abweichungen vom Durchschnitt des Multiplum betragen für den Kreis $+7,4$ und $-12,2$.

Bei Anwendung des für den Kreis durchschnittlich ermittelten Multiplum 29,9 ergiebt sich im Jahre 1885 ein Wert für den Hektar von $29,9 \cdot 42,25$ Mark Grundsteuerreinertrag $= 1263$ Mark, während der durch das landschaftliche Taxverfahren festgesetzte Wert auf **746 Mark**, mithin **517 Mark** oder **69 Prozent niedriger** normiert ist.

Im Jahre 1887 beträgt der auf Grund des Multiplum ermittelte Wert für den Hektar 29,9 . 14,20 Mark Grundsteuerreinertrag = **425 Mark**. Die landschaftliche Taxe stellt dagegen den Wert auf 529 **Mark**, mithin **104 Mark oder 20 Prozent höher** fest.

Das beiderseitige Verfahren der Wertsbestimmung differiert demnach im ganzen pro Hektar um **621 Mark oder 89 Prozent**.

XXIX. Ragnit.

Der Kreis Ragnit weist für den in Rechnung gezogenen Zeitraum 155 Abschätzungen auf.

Dieselben sind auf einer Gesamtfläche von 13747,31 Hektar vorgenommen und betragen 16 Prozent der grundsteuerpflichtigen Kreisfläche, die von Meitzen auf 348538 Morgen angegeben wird.

Der Gesamttaxwert der Landschaft für die in den 6 Jahren geschätzten Güter beträgt 5369100 Mark, der Durchschnittswert für 1 Hektar demnach 390 Mark.

Die Abschätzungen verteilen sich nach Zahl und Größe auf die einzelnen Jahre wie folgt:

Anzahl der Taxen	1885	1886	1887	1888	1889	1890
	11	17	22	33	43	29
Gesamtgröße in Hektar	877,59	2815,97	2376,23	3436,10	2674,14	1567,26

Nach Meitzen beträgt der Grundsteuerreinertrag auf den steuerpflichtigen Morgen im Kreise durchschnittlich 23 Sgr., für den Hektar demnach 9,20 Mark.

Der Grundsteuerreinertrag der geschätzten Grundstücke ergiebt für den Hektar in Mark für das Jahr:

1885	1886	1887	1888	1889	1890
6,00	9,65	9,85	8,00	9,65	9,90

Der landschaftliche Schätzungswert für den Hektar in Mark beträgt im Jahre:

1885	1886	1887	1888	1889	1890	Durchschnitt
280	368	402	403	402	429	390

Der Grundsteuerreinertrag ist im Taxwert enthalten:

46,8	38,1	40,8	50,1	41,6	43,3	43,5

Auch im Kreise Ragnit sind die Schwankungen des Multiplum nicht unerheblich.

Die niedrigste Zahl weist das Multiplum im Jahre 1886 mit 38,1 auf, die höchste im Jahre 1888 mit 50,1. Die Abweichungen

vom Durchschnitt des Multiplum betragen für den Kreis + 6,8 und
— 5,4.

Bei Anwendung des für den Kreis durchschnittlich ermittelten Multiplum ergiebt sich im Jahre 1886 ein Wert für den Hektar von 43,5 · 9,65 Mark Grundsteuerreinertrag = 421 Mark, während der durch das Taxverfahren der Landschaft festgesetzte Wert nur auf 368 Mark, mithin 53 Mark oder 14 Prozent niedriger normiert ist.

Im Jahre 1888 beträgt der auf Grund des Multiplum ermittelte Wert für den Hektar 43,5 · 8,00 Mark Grundsteuerreinertrag = 348 Mark. Die landschaftliche Taxe stellt dagegen den Wert auf 403 Mark, mithin 55 Mark oder 14 Prozent höher fest.

Das beiderseitige Verfahren der Wertsbestimmung differiert demnach im ganzen pro Hektar um 108 Mark oder 28 Prozent.

XXX. Rastenburg.

Auf den Kreis Rastenburg entfallen für den in Rechnung gezogenen Zeitraum 97 Abschätzungen Dieselben sind auf einer Gesamtfläche von 13424,16 Hektar vorgenommen und betragen 17 Prozent der grundsteuerpflichtigen Kreisfläche, die von Meitzen auf 323825 Morgen angegeben wird.

Der Gesamttaxwert der Landschaft für die in den 6 Jahren geschätzten Güter beträgt 6780300 Mark, der Durchschnittswert für 1 Hektar demnach 505 Mark.

Die Abschätzungen verteilen sich nach Zahl und Größe auf die einzelnen Jahre wie folgt:

Anzahl der Taxen	1885	1886	1887	1888	1889	1890
	16	20	15	13	19	14
Gesamtgröße in Hektar	2910,47	3331,95	1158,18	1645,25	2102,64	2275,64

Nach Meitzen beträgt der Grundsteuerreinertrag auf den steuerpflichtigen Morgen im Kreise durchschnittlich 34 Silbergroschen, für den Hektar demnach 13,60 Mark.

Der Grundsteuerreinertrag der geschätzten Grundstücke ergiebt für den Hektar in Mark für das Jahr:

1885	1886	1887	1888	1889	1890
14,05	14,10	17,60	13,35	11,95	17,00

Der landschaftliche Schätzungswert für den Hektar in Mark beträgt im Jahre:

1885	1886	1887	1888	1889	1890	Durchschnitt
488	486	526	481	467	597	505.

Der Grundsteuerreinertrag ist im Taxwert enthalten:

1885	1886	1887	1888	1889	1890	Durchschnitt
34,7	34,5	29,9	36,0	39,1	35,1	34,9.

Bis auf die Jahre 1887 und 1889 zeigen sich nur ganz unwesentliche Schwankungen des Multiplum. Die niedrigste Zahl weist das Multiplum im Jahre 1887 mit 29,9, die höchste zeigt dasselbe im Jahre 1889 mit 39,1. Die Abweichungen vom Durchschnitt des Multiplum betragen für den Kreis + 4,2 und — 5,0.

Bei Anwendung des für den Kreis durchschnittlich ermittelten Multiplum 34,9 ergiebt sich im Jahre 1887 ein Wert für den Hektar von 34,9 · 17,60 Mark Grundsteuerreinertrag = **614 Mark**. Der durch das Taxverfahren der Landschaft festgesetzte Wert ist dagegen auf **526 Mark**, mithin **88 Mark** oder **17 Prozent niedriger** normiert.

Im Jahre 1889 beträgt der auf Grund des Multiplum ermittelte Wert für den Hektar 34,9 · 11,95 Mark Grundsteuerreinertrag = **417 Mark**. Die landschaftliche Taxe stellt dagegen den Wert auf **467 Mark**, mithin **50 Mark** oder **11 Prozent** höher fest.

Das beiderseitige Verfahren der Wertsermittelung differiert demnach im ganzen pro Hektar um **138 Mark** oder **28 Prozent**.

XXXI. Rössel.

Der Kreis Rössel weist für den in Rechnung gezogenen Zeitraum 109 Abschätzungen auf. Dieselben sind auf einer Gesamtfläche von 7089,42 Hektar vorgenommen und betragen 10 Prozent der grundsteuerpflichtigen Kreisfläche, die von Meitzen auf 292358 Morgen angegeben wird.

Der Gesamttaxwert der Landschaft für die in den 6 Jahren geschätzten Güter beträgt 2854000 Mark, der Durchschnittswert für 1 Hektar demnach 403 Mark.

Die Abschätzungen verteilen sich nach Zahl und Größe auf die einzelnen Jahre wie folgt:

	1885	1886	1887	1888	1889	1890
Anzahl der Taxen ...	15	27	16	18	19	14
Gesamtgröße in Hektar ..	962,50	2954,53	986,90	722,93	802,92	659,62.

Nach Meitzen beträgt der Grundsteuerreinertrag auf den steuerpflichtigen Morgen im Kreise durchschnittlich 19 Sgr., für den Hektar demnach 7,60 Mark.

Der Grundsteuerreinertrag der geschätzten Grundstücke ergiebt für den Hektar in Mark im Jahre:

1885	1886	1887	1888	1889	1890
9,20	5,35	6,95	8,75	6,60	9,90.

Der landschaftliche Schätzungswert für den Hektar in Mark beträgt im Jahre:

1885	1886	1887	1888	1889	1890	Durchschnitt
451	386	403	412	370	438	403.

Der Grundsteuerreinertrag ist im Taxwerte enthalten:

| 49,0 | 72,1 | 58,1 | 47,0 | 55,9 | 44,3 | 54,4. |

Die im Kreise Rössel vorhandenen Schwankungen sind recht erhebliche.

Die niedrigste Zahl weist das Multiplum im Jahre 1890 auf mit 44,3, die höchste im Jahre 1886 mit 72,1. Die Abweichungen vom Durchschnitt des Multiplum betragen für den Kreis + 17,7 und — 10,1.

Bei Anwendung des für den Kreis durchschnittlich ermittelten Multiplum 54,4 ergiebt sich im Jahre 1890 ein Wert für den Hektar von 54,4 · 9,90 Mark Grundsteuerreinertrag = 539 **Mark**, während der durch das Taxverfahren der Landschaft festgesetzte Wert auf **438 Mark**, mithin **101 Mark oder 23 Prozent niedriger** normiert ist.

Im Jahre 1886 beträgt der auf Grund des Multiplum ermittelte Wert für den Hektar 55,4 · 5,35 Mark Grundsteuerreinertrag = **291 Mark**. Die landschaftliche Taxe stellt dagegen den Wert auf **386 Mark**, mithin **95 Mark oder 25 Prozent höher** fest.

Das beiderseitige Verfahren der Wertsermittelung differiert demnach im ganzen **pro Hektar um 196 Mark oder 48 Prozent.**

XXXII. Rosenberg.

Der Kreis Rosenberg weist für den in Rechnung gezogenen Zeitraum nur 8 Abschätzungen auf. Dieselben sind auf einer Gesamtfläche von 5235,62 Hektar vorgenommen und betragen 5 Prozent der grundsteuerpflichtigen Kreisfläche, die von Meitzen auf 384 739 Morgen angegeben wird.

Der Gesamttaxwert der Landschaft für die in den 6 Jahren geschätzten Güter beträgt 1 686 300 Mark, der Durchschnittswert für einen Hektar demnach 322 Mark.

Die Abschätzungen verteilen sich nach Zahl und Größe auf die einzelnen Jahre wie folgt:

	1885	1886	1887	1888	1889	1890
Anzahl der Taxen . . .	4	2	—	1	—	1
Gesamtgröße in Hektar .	2618,92	1804,98	—	576,77	—	234,94.

Nach Meitzen beträgt der Grundsteuerreinertrag auf den steuerpflichtigen Morgen im Kreise durchschnittlich 21 Silbergroschen, für den Hektar demnach 8,40 Mark.

Der Grundsteuerreinertrag der geschätzten Grundstücke ergiebt für den Hektar in Mark für das Jahr:

1885	1886	1887	1888	1889	1890
8,15	7,10	—	6,45	—	2,30

Der landschaftliche Schätzungswert für den Hektar in Mark beträgt im Jahre:

1885	1886	1887	1888	1889	1890	Durchschnitt
336	291	—	442	—	115	322

Der Grundsteuerreinertrag ist im Taxwert enthalten:

41,1   41,0   —   68,7   —   50   50,2.

Die Schwankungen des Multiplum sind im Kreise Rosenberg recht erheblich. Die niedrigste Zahl weist das Multiplum im Jahre 1886 mit 41,0 auf, die höchste im Jahre 1888 mit 68,7. Die Abweichungen vom Durchschnitt des Multiplum betragen für den Kreis + 18,5 und — 9,2.

Bei Anwendung des für den Kreis durchschnittlich ermittelten Multiplum 50,2 ergiebt sich im Jahre 1886 ein Wert für den Hektar von 50,2 · 7,10 Mark Grundsteuerreinertrag = **356 Mark**, während der durch das Taxverfahren der Landschaft festgesetzte Wert auf **291 Mark**, mithin **65 Mark oder 22 Prozent** niedriger normiert ist.

Im Jahre 1888 beträgt der auf Grund des Multiplum ermittelte Wert für den Hektar 50,2 · 6,45 Mark Grundsteuerreinertrag = **324 Mark**. Die landschaftliche Taxe stellt dagegen den Wert auf **442 Mark**, mithin **118 Mark oder 27 Prozent** höher fest.

Das beiderseitige Verfahren der Wertsschätzung differiert demnach im ganzen **pro Hektar um 183 Mark oder 49 Prozent**.

XXXIII. Sensburg.

Der Kreis Sensburg weist für den in Rechnung gezogenen Zeitraum 177 Abschätzungen auf.

Dieselben sind auf einer Gesamtfläche von 19987,11 ha vorgenommen und betragen 24 Prozent der grundsteuerpflichtigen Kreisfläche, die von Meitzen auf 333210 Morgen angegeben wird.

Der Gesamttaxwert der Landschaft für die in den 6 Jahren geschätzten Güter beträgt 6517500 Mark, der Durchschnittswert für 1 Hektar demnach 326 Mark.

Die Abschätzungen verteilen sich nach Zahl und Größe auf die einzelnen Jahre wie folgt:

Anzahl der Taxen...	1885	1886	1887	1888	1889	1890
	26	42	32	30	20	27
Gesamtgröße in Hektar .	3242,36	6303,24	2321,97	3897,10	1621,47	2600,94

Nach Meitzen beträgt der Grundsteuerreinertrag auf den steuerpflichtigen Morgen im Kreise durchschnittlich 13 Silbergroschen, für den Hektar demnach 5,20 Mark.

Der Grundsteuerreinertrag der geschätzten Grundstücke ergiebt für den Hektar in Mark im Jahre:

1885	1886	1887	1888	1889	1890
5,25	4,90	5,80	5,40	4,35	5,85

Der landschaftliche Schätzungswert für den Hektar in Mark beträgt im Jahre:

1885	1886	1887	1888	1889	1890	Durchschnitt
331	351	332	319	224	328	326

Der Grundsteuerreinertrag ist im Taxwert enthalten:

62,9   72,0   57,3   59,4   51,4   55,9   59,8.

Auch im Kreise Sensburg weist das Multiplum nicht unbeträchtliche Schwankungen auf.

Die niedrigste Zahl weist das Multiplum im Jahre 1889 mit 51,4 auf, die höchste Zahl besitzt dasselbe im Jahre 1886 mit 72,0. Die Abweichungen vom Durchschnitt des Multiplum betragen für den Kreis + 12,2 und — 8,4.

Bei Anwendung des für den Kreis durchschnittlich ermittelten Multiplum 59,8 ergiebt sich im Jahre 1889 ein Wert für den Hektar von 59,8 · 4,35 Mark Grundsteuerreinertrag = 260 **Mark,** während der durch das Taxverfahren der Landschaft festgesetzte Wert auf **224 Mark,** mithin 36 **Mark oder 16 Prozent niedriger** normiert ist.

Im Jahre 1886 beträgt der auf Grund des Multiplum ermittelte Wert für den Hektar 59,8 · 4,90 Mark Grundsteuerreinertrag = **293 Mark.** Die landschaftliche Taxe stellt dagegen den Wert auf **351 Mark,** mithin **58 Mark oder 17 Prozent höher** fest.

Das beiderseitige Verfahren der Wertsschätzung differiert demnach im ganzen **pro Hektar um 94 Mark oder 33 Prozent.**

XXXIV. Stallupönen.

Der Kreis Stallupönen weist für den in Rechnung gezogenen Zeitraum 80 Abschätzungen auf. Dieselben sind auf einer Gesamtfläche von 6502,65 Hektar vorgenommen und betragen 12 Prozent der grundsteuerpflichtigen Kreisfläche, die von Meitzen auf 218324 Morgen angegeben ist.

Der Gesamttaxwert der Landschaft für die in den 6 Jahren geschätzten Güter beträgt 3056100 Mark, der Durchschnittswert für 1 Hektar demnach 470 Mark.

Die Abschätzungen verteilen sich nach Zahl und Größe auf die einzelnen Jahre wie folgt:

Anzahl der Taxen...	1885	1886	1887	1888	1889	1890
	4	12	24	17	10	13
Gesamtgröße in Hektar	666,75	1783,58	2050,22	897,53	616,21	488,34

Nach Meitzen beträgt der Grundsteuerreinertrag auf den steuerpflichtigen Morgen im Kreise durchschnittlich 28 Sgr., für den Hektar demnach 11,20 Mark.

Der Grundsteuerreinertrag der geschätzten Grundstücke ergiebt für den Hektar in Mark im Jahre:

1885	1886	1887	1888	1889	1890
13,55	11,95	9,80	9,55	12,85	10,50

Der landschaftliche Schätzungswert für den Hektar in Mark beträgt im Jahre:

1885	1886	1887	1888	1889	1890	Durchschnitt
590	504	436	401	504	405	470

Der Grundsteuerreinertrag ist im Taxwert enthalten:

43,6 42,1 44,4 42,0 39,2 38,6 41,7.

Erhebliche Schwankungen des Multiplum sind im Kreise Stallupönen nicht vorhanden.

Die höchste Zahl weist das Multiplum im Jahre 1887 auf mit 44,4, die niedrigste im Jahre 1890 mit 38,6. Die Abweichungen vom Durchschnitt des Multiplum betragen für den Kreis + 2,7 und — 3,1.

Bei Anwendung des für den Kreis durchschnittlich ermittelten Multiplum ergiebt sich im Jahre 1890 ein Wert für den Hektar von 41,7 . 10,50 Mark Grundsteuerreinertrag = **438 Mark**, während der durch das Taxverfahren der Landschaft festgesetzte Wert auf **405 Mark, also 33 Mark oder 8 Prozent niedriger** normiert ist.

Im Jahre 1887 beträgt der auf Grund des Multiplum ermittelte Wert für den Hektar 41,7 . 9,80 Mark Grundsteuerreinertrag = **409 Mark**. Die landschaftliche Taxe stellt dagegen den Wert auf **436 Mark**, mithin **27 Mark oder 6 Prozent** höher fest.

Das beiderseitige Verfahren der Wertsschätzung differiert demnach im ganzen **pro Hektar um 60 Mark oder 14 Prozent**.

XXXV. Tilsit.

Der Kreis Tilsit weist für den in Rechnung gezogenen Zeitraum 183 Abschätzungen auf. Dieselben sind auf einer Gesamtfläche von 10986,52 Hektar vorgenommen und betragen 15 Prozent der grundsteuerpflichtigen Kreisfläche, die von Meitzen auf 291105 Morgen angegeben wird. Der Gesamttaxwert der Landschaft für die in den 6 Jahren geschätzten Güter beträgt 4700000 Mark, der Durchschnittswert für 1 Hektar demnach 428 Mark.

Die Abschätzungen verteilen sich nach Zahl und Größe auf die einzelnen Jahre wie folgt:

Anzahl der Taxen	1885	1886	1887	1888	1889	1890
	16	20	25	20	58	44
Gesamtgröße in Hektar	2716,58	1610,92	849,65	923,83	2375,22	2510,21

Nach Meitzen beträgt der Grundsteuerreinertrag auf den steuerpflichtigen Morgen im Kreise durchschnittlich 25 Sgr., für den Hektar demnach 10 Mark.

Der Grundsteuerreinertrag der geschätzten Grundstücke ergiebt für den Hektar in Mark für das Jahr:

1885	1886	1887	1888	1889	1890
9,90	13,50	13,35	17,65	11,65	9,20

Der landschaftliche Schätzungswert für den Hektar in Mark beträgt im Jahre:

1885	1886	1887	1888	1889	1890	Durchschnitt
355	504	435	555	437	400	428

Der Grundsteuerreinertrag ist im Taxwerte enthalten:
35,9   37,3   32,6   31,4   37,6   43,5   36,4.

Die Schwankungen des Multiplum im Kreise Tilsit können nicht als unerheblich bezeichnet werden. Die niedrigste Zahl weist das Multiplum im Jahre 1888 mit 31,4 auf, die höchste Zahl erreicht dasselbe im Jahre 1890 mit 43,5. Die Abweichungen vom Durchschnitt des Multiplum betragen für den Kreis + 7,1 und — 5,0.

Bei Anwendung des für den Kreis durchschnittlich ermittelten Multiplum 36,4 ergiebt sich im Jahre 1888 ein Wert für den Hektar von 36,4 · 17,65 Mark Grundsteuerreinertrag = **642 Mark**, während der durch das Taxverfahren der Landschaft festgesetzte Wert auf 555 Mark, mithin **87 Mark oder 16 Prozent niedriger** normiert ist.

Im Jahre 1890 beträgt der auf Grund des Multiplum ermittelte Wert für den Hektar 36,4 · 9,20 Mark Grundsteuerreinertrag = **335 Mark**,

Die landschaftliche Taxe stellt dagegen den Wert auf 400 Mark, mithin 65 Mark oder 16 Prozent höher fest.

Das beiderseitige Verfahren der Wertschätzung differiert demnach im ganzen pro Hektar um 152 Mark oder 32 Prozent.

XXXVI. Wehlau.

Der Kreis Wehlau weist für den in Rechnung gezogenen Zeitraum 150 Abschätzungen auf. Dieselben sind auf einer Gesamtfläche von 17982,97 Hektar vorgenommen und betragen 25 Prozent der grundsteuerpflichtigen Kreisfläche, die von Meitzen auf 293588 Morgen angegeben wird.

Der Gesamttaxwert der Landschaft für die in den 6 Jahren geschätzten Güter beträgt 8089500 Mark; der Durchschnittswert für 1 Hektar demnach 450 Mark.

Die Abschätzungen verteilen sich nach Zahl und Größe auf die einzelnen Jahre wie folgt:

Anzahl der	1885	1886	1887	1888	1889	1890
Taxen...	14	44	28	16	30	18
Gesamtgröße in Hektar..	938,65	6102,70	3564,67	1992,68	4160,07	1224,18

Nach Meitzen beträgt der Grundsteuerreinertrag auf den steuerpflichtigen Morgen im Kreise durchschnittlich 26 Sgr., für den Hektar demnach 10,40 Mark.

Der Grundsteuerreinertrag der geschätzten Grundstücke ergiebt für den Hektar in Mark im Jahre:

1885	1886	1887	1888	1889	1890
10,30	11,70	9,40	9,50	9,35	9,40

Der landschaftliche Schätzungswert für den Hektar in Mark beträgt im Jahre:

1885	1886	1887	1888	1889	1890	Durchschnitt
413	472	431	455	425	498	450

Der Grundsteuerreinertrag ist im Taxwert enthalten:

40,1	40,4	45,8	47,9	45,4	53,0	45,4

Im Kreise Wehlau sind die Schwankungen des Multiplum ebenfalls recht erheblich. Die niedrigste Zahl weist das Multiplum im Jahre 1885 auf mit 40,1, die höchste erreicht dasselbe im Jahre 1890 mit 53,0. Die Abweichungen vom Durchschnitt des Multiplum betragen für den Kreis + 7,6 und — 5,3.

Bei Anwendung des für den Kreis durchschnittlich ermittelten Multiplum 45,4 ergiebt sich im Jahre 1885 ein Wert für den Hektar von 45,4 · 10,30 Mark Grundsteuerreinertrag = 468 Mark, während der durch das Taxverfahren der Landschaft festgesetzte Wert auf 413 Mark, mithin 55 Mark oder 13 Prozent niedriger normiert ist.

Im Jahre 1890 beträgt der auf Grund des Multiplum ermittelte Wert für den Hektar 45,4 · 9,40 Mark Grundsteuerreinertrag = 427 Mark. Die landschaftliche Taxe stellt dagegen den Wert auf 498 Mark, mithin 71 Mark oder 14 Prozent höher fest.

Das beiderseitige Verfahren der Wertsschätzung differiert demnach im ganzen pro Hektar um 126 Mark oder 27 Prozent.

Landratskreis	Die landschaftliche Taxe stellt den Wert pro Hektar				Die Gesamtdifferenz beträgt pro Hektar	
	höher in Mk.	niedriger in Mk.	höher in %	niedriger in %	in Mk.	in %
Allenstein	67	95	21	31	162	52
Angerburg	13	93	4	21	106	25
Braunsberg	59	64	14	13	123	27
Darkehmen	36	38	8	9	74	17
Fischhausen	14	17	3	4	31	7
Friedland	66	44	15	10	110	25
Gerdauen	40	45	10	11	85	21
Goldap	59	49	16	14	108	30
Gumbinnen	30	33	7	8	63	15
Heiligenbeil	66	177	15	33	243	48
Heilsberg	58	40	16	10	98	28
Heydekrug	86	128	28	22	214	50
Insterburg	27	35	6	8	62	14
Johannisburg	42	46	18	23	88	41
Königsberg	69	60	13	12	129	25
Labiau	51	67	10	14	118	24
Lötzen	14	8	5	3	22	8
Lyck	40	55	12	16	95	28
Memel	59	92	21	23	151	44
Mohrungen	69	164	14	34	233	48
Neidenburg	29	38	12	13	67	25
Niederung	17	41	3	7	58	10
Oletzko	30	61	10	23	91	33
Ortelsburg	52	26	16	13	78	29
Osterode	70	49	24	16	119	40
Pillkallen	11	29	3	8	40	11
Pr. Eylau	49	62	13	13	111	26
Pr. Holland	104	517	20	69	621	89
Ragnit	55	53	14	14	108	28
Rastenburg	50	88	11	17	138	28
Rössel	95	101	25	23	196	48
Rosenberg	118	65	27	22	183	49
Sensburg	58	36	17	16	94	33
Stallupönen	27	33	6	8	60	14
Tilsit	64	89	16	14	153	30
Wehlau	71	55	14	13	126	27

Vorstehend sind tabellarisch die Schwankungen, die sich herausstellen, wenn das Durchschnittsmultiplum des Kreises der Wertsschätzung zu Grunde gelegt wird im Vergleich mit den korrespondierenden landwirtschaftlichen Taxwerten, in Mark und Prozent angegeben.

Zur Feststellung der Höhe der Schwankung wurde stets die Maximal- und Minimalzahl des Multiplum in dem zutreffenden Jahre und Kreise herangezogen. Für die sich ergebende Größe der Abweichung ist nicht nur die absolute Differenz nach oben oder unten von dem Durchschnittsmultiplum des Kreises bestimmend, sondern sehr wesentlich kommt hierbei auch der Grundsteuerreinertrag in Frage.

Je höher der steuerbare Reinertrag auf einen Hektar ermittelt ist, und je höher sich in Folge dessen auch der Wert der Bodenfläche stellt, desto empfindlicher machen sich auch nur geringe Abweichungen vom Durchschnittsmultiplum bei Anwendung eines und desselben Multiplikators zur Wertsschätzung geltend.

Greifen wir beispielsweise die Kreise Angerburg und Osterode heraus. Im Kreise Angerburg führt bei einem Durchschnittsmultiplum von 47,5 im Jahre 1889 die Zahl 39,3 bei einem Grundsteuerreinertrage von 11,30 Mark pro Hektar zum landschaftlichen Taxwerte 444 Mark; für den Kreis Osterode gelangt hierzu im Jahre 1890 bei einem Durchschnittsmultiplum von 58,9 die Zahl 50,7 zur Anwendung, wobei der landschaftliche Taxwert auf 310 Mark festgesetzt ist bei einem Grundsteuerreinertrage von 6,10 Mark.

Das angegebene Multiplum stellt in beiden Fällen den Minimalsatz dar bei gleicher Abweichung nach unten um 8,2.

Bei Anwendung des zutreffenden Durchschnittsmultiplum ergiebt sich, daß die Wertschätzung der Landschaft den Hektar im Kreise Angerburg um 93 Mark oder 23 Prozent, im Kreise Osterode dagegen nur um 49 Mark oder 16 Prozent niedriger stellt.

Eine Abweichung um 1 vom Durchschnittsmultiplum ist in dem betreffenden Falle im Kreise Angerburg gleichbedeutend mit 11,30 Mark pro Hektar, im Kreise Osterode dagegen nur mit 6,10 Mark.

Des weiteren sollen hier die Kreise Pr. Holland und Oletzko als Beispiel herangezogen werden. Im Jahre 1885 ist im Kreise Pr. Holland bei einem Durchschnittsmultiplum von 29,9 der landschaftliche Taxwert — 746 Mark pro Hektar — der 17,7fache Betrag des Grundsteuerreinertrages — 42,25 Mark pro Hektar —.

Im Kreise Oletzko bildet im Jahre 1887 bei einem Durchschnittsmultiplum von 69,5 der 56,7fache Betrag des Grundsteuerreinertrages — 4,75 Mark pro Hektar — den landschaftlichen Taxwert 269 Mark.

In beiden Kreisen stellt der herangezogene Fall den Minimalsatz des Multiplum vor.

Die Differenz vom Durchschnittsmultiplum beträgt im Kreise Pr. Holland 12,2, im Kreise Oletzko sogar 12,8.

Bei Anwendung des zutreffenden Durchschnittsmultiplum stellt die Landschaft den Wert pro Hektar im Kreise Pr. Holland um 517 Mark oder 70 Prozent, im Kreise Oletzko dagegen nur um 61 Mark oder 23 Prozent niedriger fest.

Im Kreise Pr. Holland genügt eine Schwankung um 1 vom Durchschnittsmultiplikator, um in der Wertsermittelung eine Änderung des Resultates von 42,25 Mark hervorzurufen, im Kreise Oletzko ändert sich das Resultat bei derselben Schwankung nur um 4,75 Mark pro Hektar.

Diese Beispiele mögen genügen, um zu zeigen, wie sehr in Kreisen oder Besitztümern mit hohem Grundsteuerreinertrage sich schon bei einer geringen Verschiebung des Multiplikators nach oben oder unten eine wesentliche Änderung des Resultates der Wertschätzung herausstellen kann.

In der Regel erhalten in allen Kreisen die landschaftlichen Schätzungen in den Jahren mit höchstem Grundsteuerreinertrage das niedrigste und umgekehrt mit niedrigstem Grundsteuerreinertrage das höchste Multiplum. Wenn durch die Höhe des Grundsteuerreinertrages der Bodenwert entsprechend erfaßt wird, so stellt sich demnach innerhalb desselben Kreises das Multiplum für Güter mit vorwiegend besseren Bodenarten niedriger, für solche mit vorwiegend schlechteren, leichten Bodenarten höher als das sich ergebende Mittel.

Nach der Wertschätzung der ostpreußischen Landschaft scheint demnach durch die Grundsteuerveranlagung der gute Boden zu hoch, der leichte Boden zu niedrig bewertet zu sein.

Eine Zusammenstellung der einzelnen Kreise in Bezug auf die Größe der Schwankungen, die sich bei der verschiedenen Wertsfeststellung nach dem Grundsteuerreinertrage auf Grund des ermittelten Durchschnittsmultiplum im Vergleich zu den korrespondierenden landschaftlichen Taxwerten ergeben, giebt die nachstehende Tabelle.

Landratskreis.	Größe der Abweichung pro Hektar in	
	Mark	Prozent.
Fischhausen	31	7
Lötzen	22	8
Niederung	58	10
Pillkallen	40	11
Insterburg	62	14
Stallupönen	60	14

Landratskreis.	Größe der Abweichung pro Hektar in Mark	Prozent.
Gumbinnen	63	15
Darkehmen	74	17
Gerdauen	85	21
Labiau	118	24
Angerburg	106	25
Friedland	110	25
Königsberg	129	25
Neidenburg	67	25
Pr. Eylau	111	26
Braunsberg	123	27
Wehlau	126	27
Heilsberg	98	28
Lyck	95	28
Ragnit	108	28
Rastenburg	138	28
Ortelsburg	78	29
Goldap	108	30
Tilsit	153	30
Oletzko	91	33
Sensburg	94	33
Osterode	119	40
Johannisburg	88	41
Memel	151	44
Heiligenbeil	243	48
Mohrungen	233	48
Rössel	196	48
Rosenberg	183	49
Heydekrug	214	50
Allenstein	162	52
Pr. Holland	621	89

Die beste Übereinstimmung von landschaftlichem Schätzungswert und dem Ergebnis der Wertschätzung nach dem Grundsteuerreinertrage findet sich im Kreise Fischhausen und Lötzen, wo sich nur Unterschiede von 31 Mark oder 7 Prozent resp. 22 Mark oder 8 Prozent pro Hektar herausstellen.

Die weitgehendsten Unterschiede finden sich im Kreise Pr. Holland mit 621 Mark oder 89 Prozent und im Kreise Allenstein mit 162 Mark oder 52 Prozent pro Hektar.

Es geht aus den erhaltenen Resultaten klar hervor, daß auch innerhalb desselben Kreises und eines bestimmten Zeitraumes das durchschnittlich ermittelte Multiplum in den meisten Fällen auch nicht annähernd zum richtigen Schätzungswerte führt. Bald fällt die Wertsschätzung zu niedrig aus und dann ist sie in den meisten Fällen für den Kreditsuchenden nutzlos, bald ist sie zu hoch und erschüttert das Vertrauen in die Sicherheit des gewährten Darlehns.

Aus den so wesentlichen Abweichungen der Schätzungsresultate der ostpreußischen Landschaft mit den Wertsermittelungen nach dem Grundsteuerreinertrage folgt, daß es unmöglich ist, für einen ganzen landrätlichen Kreis ein durchschnittlich ermitteltes Multiplum behufs alleiniger richtiger Wertsschätzung anzuwenden.

Wenn hiernach der Grundsteuerreinertrag zur vollen Wertsschätzung von Besitztümern nicht allgemein Anwendung finden kann, so wird er doch immer einen sehr wertvollen Anhalt in allen den Fällen bieten, wenn sich das nachgesuchte Darlehn unter der Grenze des Sicherheitswertes der zum Pfande gestellten Grundstücke bewegt.

Diese Grenze wird in den verschiedenen Kreisen im besonderen Falle durch einen entsprechend mehrfachen Betrag des Grundsteuerreinertrages festzustellen sein. Um seine Höhe zu ermitteln, innerhalb welcher auf Grund des vorliegenden landschaftlichen Materials ein nachgesuchtes Darlehn unter allen Umständen ohne förmliche Taxe gewährt werden darf, habe ich in den verschiedenen Kreisen den ermittelten Minimalsatz des Multiplum in dem zutreffenden Jahre zu Grunde gelegt und angenommen, daß $2/3$ davon die Grenze für eine sichere Beleihung abgeben. Den sich hieraus ergebenden Faktor habe ich Beleihungsfaktor genannt.

Die Grenze der Beleihungsfähigkeit ohne besondere Taxe an Ort und Stelle wird in den einzelnen Landratskreisen der Provinz Ostpreußen erreicht durch folgenden mehrfachen Betrag des Grundsteuerreinertrages.

I. Regierungsbezirk Gumbinnen.

a) Litauen:

Landratskreis.	Niedrigstes Multiplum.	Zuständiger Beleihungsfaktor.
Niederung	29,0	19,3
Tilsit	31,4	20,9
Heydekrug	32,9	21,9
Ragnit	38,1	25,4

Landratskreis.	Niedrigstes Multiplum.	Zuständiger Beleihungsfaktor.
Stallupönen	38,6	25,7
Gumbinnen	41,9	27,9
Pillkallen	42,4	28,3
Insterburg	43,8	29,2
Darkehmen	44,3	29,5

Der Beleihungsfaktor für die Kreise Litauens bildet im Kreise Niederung den 19,3-, im Kreise Darkehmen den 29,5fachen Betrag des Grundsteuerreinertrages. Im Kreise Niederung sinkt der Beleihungsfaktor nur unwesentlich unter die von Freiherrn v. d. Goltz angenommene niedrigste Beleihungsgrenze — dem 20fachen Betrage des Grundsteuerreinertrages.[1])

b) **Masuren:**

Landratskreis.	Niedrigstes Multiplum.	Zuständiger Beleihungsfaktor.
Angerburg	39,3	26,2
Johannisburg	49,1	32,7
Sensburg	51,4	34,3
Lötzen	54,4	36,3
Lyck	55,7	37,1
Oletzko	56,7	37,8
Goldap	59,4	39,6

In Masuren bewegt sich der Beleihungsfaktor zwischen dem 26,2fachen — Angerburg — und dem 39,6fachen Betrage des Grundsteuerreinertrages — Goldap —.

Die Kreise Masurens weisen sämtlich mit Ausnahme von Angerburg einen höheren Beleihungsfaktor auf als diejenigen Litauens.

II. Regierungsbezirk Königsberg.

a) Samland, Natangen, Kurische Nehrung rc.

Landratskreis.	Niedrigstes Multiplum.	Zuständiger Beleihungsfaktor.
Rastenburg	29,9	19,9
Königsberg	31,8	21,2
Heiligenbeil	33,4	22,3
Fischhausen	37,0	24,7
Gerdauen	38,0	25,3
Labiau	38,6	25,7
Wehlau	40,1	26,7
Friedland	41,1	27,4
Pr. Eylau	42,5	28,3
Memel	43,0	28,7

---

[1]) A. a. O. S. 601.

Der Beleihungsfaktor bewegt sich hier zwischen ähnlichen Grenzen wie in Litauen. Für den Kreis Rastenburg gelangt der 19,9fache, für Memel der 28,7fache Betrag des Grundsteuerreinertrages hierfür zur Anwendung.

b) **Ermland und die Südwestkreise.**

Landratskreis.	Niedrigstes Multiplum.	Zuständiger Beleihungsfaktor.
Pr. Holland	17,7	11,8
Braunsberg	37,8	25,2
Mohrungen	40,8	27,2
Rosenberg	41,0	27,3
Heilsberg	43,6	29,1
Rössel	44,3	29,5
Allenstein	49,9	33,4
Osterode	50,7	33,8
Neidenburg	52,5	35,0
Ortelsburg	53,5	35,7

Abgesehen vom Kreise Pr. Holland ist in diesem Teil der Provinz der Beleihungsfaktor am niedrigsten im Kreise Braunsberg — 25,2 —, am höchsten im Kreise Ortelsburg mit 35,7.

Nach dem vorhandenen landschaftlichen Schätzungsmaterial sinkt mit oben erwähnter Ausnahme der Beleihungsfaktor in der ganzen Provinz in zwei Kreisen — Niederung und Rastenburg — nur ganz unwesentlich unter 20, in allen übrigen stellt er sich höher und erreicht im Kreise Goldap beinahe das Doppelte.

Im Kreise Pr. Holland, in welchem sich im Jahre 1885 das Multiplum auf 17,7 als Minimalsatz herausstellte, kommt der zulässige Beleihungswert nur dem 11,8 fachen Betrage des Grundsteuerreinertrages gleich.

Die in dem betreffenden Jahre abgeschätzte Fläche ist nur 8,46 Hektar groß; der Grundsteuerreinertrag beträgt 42,25 Mark pro Hektar.

Es ist dies eine Höhe, die sich in der Provinz Ostpreußen nach Meitzen[1]) nur in wenigen Kreisen und innerhalb derselben nur für ganz kleine Flächen vorfindet. Der Taxwert der Landschaft — 746 Mark pro Hektar — erreicht beinahe den durch die Abschätzungsgrundsätze der Landschaft festgesetzten Maximalsatz für Liegenschaften — 800 Mark pro Hektar —.

Für den vorliegenden Fall scheinen ganz besondere, die landschaftliche Schätzung beeinflussende Verhältnisse vorgelegen zu haben.

---

[1]) A. a. O. S. 3 und 9.

Abgesehen von der Abschätzung im Jahre 1885 bewegt sich der Beleihungsfaktor im Kreise Pr. Holland noch im Jahre 1889 mit 17,6 und 1888 mit 18,1 unter dem 20fachen Betrage des Grundsteuerreinertrages. Diese Abweichungen dürfen als besonders große nicht bezeichnet werden, zumal da eine absolut richtige Schätzung von Liegenschaften eine äußerst schwierige, wenn nicht unmögliche Aufgabe ist.

Immerhin scheint der 20fache Betrag des Grundsteuerreinertrages als Beleihungsgrenze ohne besondere Taxe im Kreise Pr. Holland nur mit gewisser Vorsicht anzuwenden zu sein, da derselbe sich von der abgeschätzten Gesamtfläche — 4503,78 Hektar —

für 1885	. . . .	8,46 Hektar
„ 1888	. . . .	905,06 „
„ 1889	. . . .	269,83 „
	Summa	1183,35 Hektar

als mehr oder weniger unzutreffend herausstellt.

Der Beleihungsfaktor bildet den $2/3$ Teil des für jeden Kreis ermittelten niedrigsten Multiplum. Das hier herangezogene Multiplum zur Feststellung des Beleihungsfaktors wird nicht immer das niedrigste sein können, und zwar deshalb nicht, weil sich dasselbe in den meisten Fällen nicht auf Einzeltaxen stützt, sondern das durchschnittliche Resultat der verschiedenen in dem zutreffenden Jahre vorgenommenen landschaftlichen Abschätzungen ist, wobei sich, ebenso wie in den verschiedenen Jahren und Kreisen, bald Schwankungen nach oben, bald nach unten des Multiplum innerhalb der Einzeltaxen herausstellen müssen. Es würde demnach, wenn zur Ermittelung des Beleihungsfaktors in jedem Falle das niedrigste Multiplum der Einzeltaxe herangezogen werden könnte, sich die Grenze der Beleihungsfähigkeit nach dem Grundsteuerreinertrage ohne förmliche Taxe weiter nach unten in den einzelnen Kreisen verschieben.

Leider steht mir die Ausnutzung des Materials nach dieser Seite hin nicht zur Verfügung.

In fast allen Kreisen übertrifft aber der ermittelte Beleihungsfaktor die Zahl 20 bei weitem, so daß die Annahme wohl berechtigt erscheint, daß — mit Ausschluß des Kreises Pr. Holland — der 20fache Betrag des Grundsteuerreinertrages zur Zeit als Grenze der Beleihung ohne förmliche Taxe an Ort und Stelle für die zum Bereich der ostpreußischen Landschaft gehörenden Landratskreise als Darlehn für Besitztümer gewährt werden kann.

In der weitaus größten Mehrzahl der Kreise wird nach den erhaltenen Resultaten der Beleihungsfaktor die Zahl 20 — oft sogar recht erheblich — überschreiten.

Die Aufgabe, für jeden einzelnen Landratskreis von seiten der Landschaft ein zulässiges Minimum zu bestimmen, welches ohne förmliche Taxe als Darlehn gewährt werden kann, erscheint mit keinen besonderen Schwierigkeiten verknüpft.

Es ist dies in jedem Falle ein Mittel, um die landschaftlichen Institute von dem Vorwurf der Schwerfälligkeit zu entheben und der Inanspruchnahme des hypothekarischen Kredits eine wesentliche Erleichterung zu verschaffen, ohne dabei für die Sicherheit der gewährten Darlehen Gefahr zu laufen.

Sucht der Grundbesitzer ein Darlehn nach, welches die zulässige Grenze überschreitet, so hat eine besondere Taxe stattzufinden.

Je allgemeiner und je ausgedehnter der Grundsteuerreinertrag zur Wertsschätzung in Anwendung gelangt, und je größer der Zeitraum ist, auf den sich die gemachten Erfahrungen und Beobachtungen erstrecken, desto sicherer und zutreffender müssen die Resultate der Wertsschätzung nach ihm ausfallen.

Freiherr v. d. Goltz[1]) stellt es als eine für die Kreditinstitute erstrebenswerte Aufgabe hin, durch allgemein und konsequent betriebene Sammlung der Erfahrungen auf diesem Gebiete in der ganzen preußischen Monarchie und womöglich in ganz Deutschland allmählich auf den Standpunkt des Königreichs Sachsen bezüglich der Grundsteuereinschätzung zu gelangen, wo die sachverständigen Landwirte oder auch Taxatoren mit ziemlicher Sicherheit für jeden kleineren Bezirk angeben können, wie hoch der zeitige Kauf- resp. Beleihungswert sich im Verhältnis zur Steuereinheit beläuft.

Aus diesem Gesichtspunkt wird es sich auch empfehlen, diese Statistik berufenen Orts ganz allgemein in allen deutschen Staaten weiter auszubauen und fortzuführen, damit Wissenschaft und Praxis davon Kenntnis nehmen und weiter prüfen können, um möglichst zuverlässige Grundlagen für die gesetzgeberische und Verwaltungsthätigkeit im Staate auf diesem wichtigen Gebiete des Hypothekarkredits zu beschaffen.

Zum Schlusse ist es mir eine angenehme Pflicht, dem Generallandschaftsdirektor der Provinz Ostpreußen, Herrn Bon-Neuhausen für die gütige Überlassung des wertvollen Schätzungsmaterials meinen tiefgefühlten Dank auszusprechen.

---

1) A. a. O. S. 593.